Financial Stewardship

by
Andrew Wommack

Financial Stewardship
ISBN : 978-1-908529-08-4
ⓒ 2012 by Andrew Wommack Ministries – Europe
P.O.Box 4392, Walsall WS1 9AR, England
Website : www.awme.net

Korean, Korea Edition Copyright
ⓒ 2015 by Word of Faith Co.
All rights reserved.

재정의 청지기 직분

발행일 2015. 11. 14 1판 1쇄 발행
       2024. 3. 18 1판 4쇄 발행

지은이 앤드류 워맥
옮긴이 반재경
발행인 최순애
발행처 믿음의말씀사
2000. 8. 14 등록 제 68호
우) 16934 경기도 용인시 기흥구 신정로 301번길 59
Tel. 031) 8005-5483 Fax. 031) 8005-5485
http://faithbook.kr

ISBN 89-94901-64-7 03230
값 13,000원

본 저작물의 저작권은 '믿음의 말씀사' 가 소유합니다.
저작권법에 의해 보호를 받는 저작물이므로 무단 전재와 복제를 금합니다.

당신의 재정을
하나님께 넘겨드리는
자유를 경험하라

재정의 청지기 직분

앤드류 워맥 지음 | 반재경 옮김

믿음의말씀사

목차

서문 _ 6
서론 _ 9

01 청지기로 산다는 것 _ 15
02 하나님은 주시는 분이다 _ 33
03 더 큰 것 _ 53
04 감추어진 보물 _ 79
05 먼저 하나님의 나라를 구하라 _ 109
06 부요는 이기적인 것이 아니다 _ 129
07 십일조 _ 155
08 양식을 공급 받는 곳에 헌금하라 _ 179
09 동역자 _ 195
10 우리는 하나님을 신뢰한다 _ 213

서문

저는 어렸을 때부터 십일조를 주님께 성실하게 드렸습니다. 단 1달러를 받아도 거기서 꼭 십일조를 떼어 드렸습니다. 저는 재정적으로 어느 정도는 축복을 받았지만 전통과 사람들의 교리로 인해 부요와는 거리가 멀었었습니다(막 7:13).

결혼을 하고 자녀가 둘이 된 후, 사역을 시작한 지 25년이 지난 뒤에야 이 책을 통해 전하고자 하는 것을 계시로 깨닫게 되었습니다. 단언하건대, 이 계시로 인해 삶에 큰 변화가 생겼습니다. 개인적으로 제 인생에 큰 차이를 가져왔을 뿐만 아니라 이 진리가 우리 단체에 가져다 준 재정적 풍성함이 없었더라면 하나님께서 저에게 하라고 하신 일들을 할 수 없었을 것입니다.

하나님을 전심으로 사랑했고 능력과 이해가 닿는 범위 내에서 최선을 다해 하나님을 섬겼지만 재정적으로 묶여 하나님께서 하라고 하신 일들을 할 수 없었던 시절이 저에게도 있었습니다. 신앙생활의 다른 어떤 영역보다도 저는 재정의 영역에 더 많은 어려움을 겪었습니다.

그것은 저만의 문제는 아닙니다. 오랄 로버츠Oral Roberts 목사님이 돌아가시기 꼭 일 년 전인 2009년에 다른 몇 명의 사역자들과 함께 목사님 댁을 방문하게 되었습니다. 목사님께서 우리에게 여러 가지 좋은 말씀을 해 주신 다음 궁금한 것이 있으면 물어보라고 하셨습니다. 한 분이 이런 질문을 했습니다. "목사님의 사역에 있어서 가장 견디기 힘들었던 일은 무엇이었습니까?"

그 질문에 호기심이 발동했습니다. 이분이 누굽니까? 어떤 사람이 정면에서 총을 겨눴지만 총알도 빗겨갔던 분입니다. 이 시대의 사역자들 중 그분만큼 핍박을 받은 분도 없을 것입니다. 자신과 가족들에 대한 루머로 인해 고생을 많이 하셨고, 그로 인해 결국 그가 세웠던 대학도 잃었습니다. 저는 그 질문에 대한 그분의 반응이 몹시도 기다려졌습니다.

그러나 그는 잠시의 망설임도 없이 이렇게 말했습니다. "가장 견디기 힘들었던 것은 재정 문제였습니다." 그는 재정 문제로 괴로워하다 밤을 꼬박 샌 적이 많았다고 했습니다. 돈이 부족해서 오는 압박으로 인해 사역의 고비마다 궁지에 몰린 이야기도 하셨습니다. 저와 당신의 삶에도 이런 일이 있었을 것입니다.

주님께서 인도하시는 일에 대해 굉장히 가슴이 벅찼으나 그것도 잠시였던 적이 있었습니다. 주님의 계획에 대해 열정이 있었고 그것을 성취할 수 있는 기회가 왔지만 저에게는 온통 그에 필요한 재정을 어떻게 감당할 수 있을지에 대한 생각뿐이었습니다. 감사하게도 지금은 그것이 더 이상 문제가 되지 않습니다.

그렇다고 저에게 돈이 무제한 공급되고 있다는 말은 아닙니다. 제 말은 '하나님께서 명하신 일을 성취하는데 필요한 재정은 항상 채워진다'는 것을 믿는 위치에 제가 도달했다는 뜻입니다. 저는 더 이상 돈의 제한을 받지 않게 되었으므로 자유합니다.

주님께서 저에게 보여주신 이 진리는 누구에게나 역사할 수 있습니다. 당신에게도 말이죠. 당신이 이 책을 읽어 내려갈 때 성령님께서 오직 그분만이 하실 수 있는 방법으로 당신을 깨우쳐 주시길 기도합니다. 한때 제가 그랬듯이 당신도 재정적으로 어려운 씨름을 하고 있다면, 저는 가난의 영이 당신에게서 끊어지고, 당신을 제한하는 유일한 요인이 '하나님의 뜻을 이룰 돈이 있느냐 없느냐'가 아니라 '그것이 하나님의 뜻인가' 하는 단계에 당신이 이르게 될 것을 믿습니다!

서론

만화나 돈이나 둘 다 종이에 인쇄됩니다. 하나는 사람을 웃게 하고 다른 하나는 사람을 울게 합니다. 돈이 인쇄된 종이 자체에는 별 가치가 없습니다. 휴지를 만들 때 사용되는 재료와 크게 다르지 않습니다. 실제로 돈이 가치를 갖는 유일한 이유는 사람들이 그것을 귀중하게 여기기 때문입니다. 달러와 유로 그리고 엔은 원하는 것과 교환하려고 사람들이 만들어서 사용하는 것에 불과합니다. 그러나 돈의 실재 가치를 논한다고 해도 먹을 것이 생기지는 않을 것입니다. 세상의 교환 시스템은 돈에 기반을 두고 있으며 우리 모두 생존을 위해 돈을 사용해야 합니다.

우리의 삶에서 돈의 영향력은 아주 실제적입니다. 그러니 예수님께서 다른 어떤 것보다도 재정에 대해 더 많이 가르치신 것은 놀랄 일이 아닙니다. 예수님은 심지어 '기도'나 '믿음'보다 재정 관리에 대해 더 많이 가르치셨습니다. 그 사실은 '돈'과 '돈을 다루는 방법'이 얼마나 중요한지 우리에게 말해줍니다. 교회가 현대 사회에 더 많은 영향력을 미치지 못한 이유는 분명합니다. 삶의 실제적인 부분에 복음을 적용하는 일에 성공적이지 못한 것이 그 이유입니다. 대부분의 사람들은 이 땅의 문제들을 처리하려고 온통 힘을 쏟고 있기 때문에 영원한 것에 대해서는 생각을 하지 않습니다. 그러나 실상은 복음도 이 땅에서 벌어지는 일상의 일들, 특히 재정에 대해 많은 얘기를 하고 있습니다.

돈은 많은 사람들이 기피하는 민감한 주제지만 재정에 대한 하나님의 관점을 배우는 것은 기독교의 기초입니다. 만일 당신이 재정에 대해 신실하지 못하다면 당신에게는 아무것도 맡길 수 없다고 예수님께서 말씀하셨습니다!(눅 16:11) 성경이 말하는 재정의 청지기 직분과 세상이 말하는 "자산 관리"가 다르다는 것은 놀랄 일도 아닙니다. 하나님은 이 세상 시스템으로 역사하지 않으시기 때문입니다. 그러므로 하나님의 재정 시스템이 어떻게 돌아가는지 이해하는 것은 월 스트리트Wall Street를 이해하는 것보다 더 중요합니다.

사람들은 사역자들이 돈에 대해 얘기하는 것을 싫어하는

경향이 있습니다. 특히 TV 사역자들이 말할 때 더 그렇습니다. 사실 그럴 만한 이유가 있습니다. 많은 사람들이 재정적으로 이용 당해왔기 때문이지요.

최근 저는 한 기독교 TV 방송에서 후원금을 모금하는 모습을 보고 깜짝 놀랐습니다. 그건 완전히 속임수며 사기였습니다. 전적으로 잘못된 일이었습니다. 다른 사역자들을 비판하려는 것이 아니라 인정할 것은 인정해야 하기 때문에 말씀드리는 것입니다. 재정의 영역에 속임수와 사기가 분명히 있습니다. 그리고 정말 참을 수 없는 것은 그런 속임수와 사기가 통한다는 점입니다!

그리스도의 몸인 교회 안에서 많은 사람들이 재정적인 영역에 대한 진리를 배우지 못하고 있기 때문에 항상 속임수와 술책에 넘어갑니다. 이런 일도 있습니다. TV 방송에 나온 어떤 사역자가 "나에게 1,000달러를 보내십시오. 그러면 당신의 기도가 응답될 것입니다."라고 말합니다. 그러면 사람들이 돈을 한 트럭 보냅니다. 그러나 하나님의 나라는 그런 식으로 역사하지 않습니다. 하나님의 축복을 돈으로 살 수는 없습니다.

이렇듯 그리스도의 몸인 교회 가운데 돈에 관한 이런 악한 사례들이 있지만 몇몇 사람들이 이를 악용한다고 해서 재정에 대한 하나님 말씀의 진리에서 오는 유익을 놓치지는 마십시오.

당신이 겪었을지도 모르는 지난날의 상처나 경험을 지금 다 벗어버리고 하나님의 말씀이 그분의 관점에서 재정에 관해 밝혀 주시는 계시를 받으시길 바랍니다. 그렇게 한다면 후에 잘한 선택이었다고 기뻐하게 될 것을 저는 믿습니다.

이 책에서는 예산을 세우거나 수입을 관리하는 자세한 방법 같은 것들은 논하지 않을 것입니다. 그런 실용적인 지혜가 담긴 자료들은 이미 많이 있습니다. 저는 재정 문제의 핵심과 성공에 이르게 하는 성경적인 원리를 나누려고 합니다. 당신의 마음을 고치면 재정 상태의 근본 원인을 처리하게 되고, 그러면 돈 문제는 해결될 것입니다. 일단 당신의 마음이 바르게 되면 돈을 어떻게 쓸 것인지에 대한 지혜는 저절로 생깁니다.

우리의 삶을 칸막이로 구분해서 한쪽은 하나님과 관계하는 영적인 영역으로, 다른 한쪽은 직장, 가정, 재정 등을 다루는 일상적인 영역으로 나누는 함정에 빠져서는 안 됩니다. 집이 나누이면 오래가지 못하며(마 12:25), 하나님과의 교제를 주일 한두 시간으로 한정한다면 삶에서 바라는 열매를 맺지 못할 것입니다. 하나님과 우리의 관계는 삶의 모든 영역들, 즉 결혼생활, 사업, 인간관계, 여가 및 재정의 영역에 파고들어야 합니다.

재정은 중요합니다. 그래서 하나님을 재정의 영역 안으로 모실 때 인생의 다른 영역들에 평안과 치유가 임하는 것을 보며 당신은 깜짝 놀라게 될 것입니다. 그 이유는 돈을 보는 당신의 관점이 돈 자체뿐 아니라 다른 영역에도 많은 영향을 미치기 때문입니다. 이 책에서 나누는 내용을 통해 재정을 하나님께 넘겨드리는 방법을 발견하여 인생의 모든 영역에 있어서 당신이 진정한 부요로 들어갈 수 있도록 돕는 것이 저의 목적입니다.

01
청지기로 산다는 것

저는 콜로라도 주 콜로라도스프링스에 소재한 카리스 성경대학Charis Bible College에서 목요일 오전 채플시간에 재정의 청지기 직분에 관한 강의를 합니다. 대부분의 학생들은 저희 학교에 다니기 위해 다른 주에서 이사를 옵니다. 많은 사람들이 보수가 좋은 안정된 직장을 뒤로 하고 옵니다. 그들은 또한 학비도 내야 합니다. 하루에 4시간을 학교에서 보내기 때문에 직장을 갖더라도 파트타임이나 교대근무 밖에 못합니다. 그래서 재학생이 직면하는 일반적인 문제는 월급은 줄고 생활비는 증가하며 학비를 내야 하는데 직장은 파트타임만 가능하다는 것입니다. 일반적으로 볼 때는 망할 일만 남은 것이지요.

하나님의 개입이 없다면 학생들은 큰 어려움에 처하게 됩니다. 그러나 해마다 연말이 되면 저는 학생들에게 묻습니다. 처음 왔을 때보다 지금 재정 상태가 더 좋아진 사람은 얼마나 되느냐고요. 그러면 적어도 80%는 상황이 더 좋아졌다고 합니다. 여러 장애물에도 불구하고 재정적으로 성공할 수 있었던 이유는 학교를 통해 재정과 관련된 성경적인 진리들을 깨달았기 때문입니다.

이 원리가 우리 학생들에게만 역사하는 것은 아닙니다. 제가 나누고자 하는 성경적인 원리를 적용하기만 하면 누구에게라도 재정적인 부요가 역사할 것입니다. 그것은 단순히 재산이 증가한다는 뜻이 아닙니다. 돈에 대해 완전히 다른 태도를 취할 수 있게 된다는 뜻입니다. 돈의 지배와 통제를 받는 게 아니라, 오히려 돈이 당신의 종이 되는 것을 경험할 수 있습니다. 돈이 당신 위에 군림하는 주인이 아니라 실생활에서 사용하는 도구가 될 수 있습니다. 너무 많은 그리스도인들이 돈에 노예가 되어 있습니다. 다만 돈을 벌기 위해 원하지도 않는 직장에서 일을 하며 하고 싶지도 않은 일을 합니다. 그러나 하나님께는 우리를 위한 더 좋은 계획이 있으십니다.

얼마 전 제가 홍콩에서 은혜에 대한 설교를 하고 있을 때의 일입니다. 사람들은 저의 설교 내용을 정말 잘 받아들였습니다.

그런데 자꾸 제 마음 속에 재정에 대해 가르쳐야겠다는 생각이 들었습니다. 하지만 저는 성령의 인도하심에 따르기를 조금 주저했습니다. 왜냐하면 돈에 대해 설교 하는 미국인 사역자들이 갖는 평판 때문이었습니다. 저에 대해서도 어떤 편견이 있을 수 있다는 것을 알았기에, 재정에 대해 설교해야겠다는 마음의 감동을 실제로 느꼈음에도 불구하고 곧바로 실행하지 못했습니다.

집회는 며칠 더 계속되었습니다. 하루는 저를 초청한 그 교회 목사님과 점심을 먹으러 갔습니다. 그 교회 리더 몇 사람도 같이 갔고 음식이 나오기를 기다리면서 그분들은 저에게 이것 저것 질문을 했습니다. 그들이 던진 질문은 거의 모두가 재정에 대한 것이었습니다. 그곳에서도 헌금은 하나님의 축복을 받기 위한 수단으로써 이해되고 있었기 때문에 그들의 질문은 부요와 번영에 대한 가르침을 하나님의 은혜와 어떻게 연결시키느냐 하는 것이었습니다. 하나님께서 우리를 축복하시는 것은 그리스도께서 우리를 의롭게 하셨기 때문이지 우리의 공로 때문이 아닙니다.

그들과 이야기를 나눈 후 하나님께서 재정에 관한 강의를 하도록 저를 인도하신다는 것을 확신하게 되었습니다. 그래서 이튿날 집회 중에 강의 주제를 바꾸기로 결정했습니다. 제가 회중들에게 이렇게 물었습니다. "미국 목사에게 듣고 싶지 않은 설교가 있다면 무엇입니까?"

사람들은 즉시 소리 지르기 시작했습니다. "번영, 재정, 심고 거두는 법칙이요!"

"그러시군요. 하나님께서 바로 그것을 가르치라고 하셨습니다."라고 제가 말했습니다.

집회 장소는 갑자기 조용해졌습니다. 바늘이 하나 떨어져도 들을 수 있을 정도였습니다. 어쨌든 저는 밀고 나가 은혜의 관점에서 보는 부요와 형통에 관해 설교했습니다. 마칠 때쯤에는 다들 너무 좋아했습니다. 그 목사님도 집회 후에 저에게 이메일을 보내 계속해서 그 집회에 대한 좋은 평가가 있다고 했습니다. 그 메시지가 그 교회 성도들에게 큰 도움을 주었습니다. 이것을 볼 때 가장 듣기 싫은 소리가 때로는 가장 큰 도움을 가져다 준다는 것을 알 수 있습니다. 재정 메시지에 관한 당신의 반응도 그 사람들의 처음 반응과 같을 수 있겠지만 그것이 그들에게 큰 도움이 되었던 것처럼 당신이 재정을 더 잘 이해하는 데 이 책이 도움을 줄 것이라고 믿습니다.

우리가 재정에 대해 첫 번째로 이해해야 될 것은 '우리는 하나님께서 우리에게 주신 것들의 청지기'라는 것입니다.

예수님께서는 불의한 청지기에 대한 비유를 들어 청지기 직분에 대해 가르치셨습니다.

누가복음 16장 1절에서 예수님이 제자들에게 말씀하셨습니다. "어떤 부자에게 청지기가 있는데 그가 주인의 소유를 낭비한다는 말이 그 주인에게 들린지라." 이 비유에 대해서는 후에 더 자세히 설명하겠지만 지금은 청지기의 기능과 태도를 지적하는 정도로 말씀 드리겠습니다. 청지기란 타인의 재산이나 재정, 기타 여러 가지 일들을 맡아 관리하는 사람입니다. 그리스도인으로서 우리는 청지기입니다. 우리가 가진 돈은 사실 우리의 것이 아니라 하나님으로부터 받은 선물이라는 것을 알아야 합니다.

한편, 이렇게 생각하는 사람도 있을 것입니다. '나의 돈은 하나님께서 주신 게 아니야! 그 돈을 벌려고 내가 얼마나 열심히 일했는데. 내가 벌었어.' 아마 당신은 투 잡을 뛰고 있거나 조금이라도 더 저축하려고 몇 년째 허리띠를 졸라매며 살아왔을지도 모릅니다. 그래서 당신이 지금까지 모아온 돈이 자신이 노력한 결과처럼 보입니다. 이해는 되지만 사실 그것은 맞는 말이 아닙니다.

모든 좋은 은사와 온전한 선물이 다 하나님께로부터 옵니다(약 1:17). 궁극적으로 당신이 가진 모든 것의 원천은 하나님이십니다. 무엇보다도 먼저 당신에게 생명을 주신 분이 하나님이십니다. 당신은 스스로 존재할 수 없습니다. 당신은 창조되었습니다. 하나님께서 당신을 만드셨고 당신의 인생에서 모든 좋은 것의 원천은 하나님이십니다(창 1:26, 약 1:17).

사도 바울이 이렇게 썼습니다. "우리가 그를 힘입어 살며 기동하며 존재하느니라."(행 17:28) 하나님께서 당신에게 육신의 생명을 주셨을 뿐 아니라 당신의 지혜와 능력의 원천이시기도 합니다. 당신이 살아갈 수 있도록 재능을 주신 분도 하나님이십니다. 하나님은 또한 역사상 바로 이 시점, 가장 번영하는 시대에 당신이 태어나게 하신 분이시기도 합니다. 그러므로 당신이 직장에서 열심히 일하고 있다 할지라도 당신의 재정적 성공의 원천은 여전히 하나님이십니다. 하나님께서 당신의 삶을 축복하지 않으시면 당신은 번영하고 성공할 능력을 가질 수 없습니다.

당신이 세상에 나가 실제로 일을 해서 돈을 받기는 하지만 당신이 받는 그 돈은 당신의 것이 아니라 하나님의 것이라는 사고방식을 세워가야 합니다. 기억하십시오. 하나님께서 당신에게 그 일을 할 수 있는 재능과 능력을 주셨으며 당신이 가진 모든 좋은 것은 다 하나님께로부터 받은 축복입니다. 하나님께서 당신의 재정 전부를 당신에게 맡기셨습니다. 그러므로 당신의 돈이 아닌 하나님의 돈을 맡은 청지기의 사고방식을 세워가는 것이 중요합니다.

대부분의 사람들이 자기가 번 돈을 자신이 땀을 흘린 결과라고 생각하며 하나님을 그들의 원천으로 보지 않습니다. 그들은 천국이나 지옥과 같은 영적인 문제와 직업이나 재정과 같은 사적이고 개인적인 문제로 자신의 삶을 구분합니다. 돈에 관해서는 그것이 전적으로 자신들에게 달려 있다고 생각합니다. 그 결과 많은 그리스도인들이 재정적으로 어려움을 겪고 있습니다. 하나님은 당신의 삶에서 모든 것의 원천이 되고 싶어 하십니다. 주님께서는 재정적 책임의 짐을 당신이 직접 지도록 의도하지 않으셨습니다. 주님께서는 그 짐을 당신에게서 가져가시길 원하십니다.

많은 그리스도인들이 '하나님이 모든 것의 원천이다' 라는 것을 안다고 말은 하지만 그들의 삶을 보면 그 진리를 이해한 것 같지 않습니다. 그것을 삶으로 뒷받침하지 못하기 때문입니다. 한번은 어떤 집회에 참석했는데 헌금을 인도하는 분이 "앞자리에 앉은 사람의 뒷주머니나 지갑에 있는 돈으로 평소 하고 싶었던 만큼 헌금하십시오."라고 말했습니다. 물론 농담이었으므로 아무도 그렇게 하지는 않았지요. 그러나 그가 말하고자 했던 것은 우리가 남의 돈을 쓸 때는 훨씬 더 관대하다는 것이었습니다. 많은 돈을 헌금할 때는 자신의 지갑보다는 다른 사람의 지갑에서 돈을 꺼내는 것이 더 쉬울 것입니다.

돈이 자기 자신의 땀과 눈물을 통해 주어진 것이라고 생각할 때 돈을 더 꽉 붙잡게 됩니다. 그러면 돈에 집착하게 되고 그 돈이 당신의 주인이 됩니다. 그러나 설령 봉급이 당신이 일한 대가라 할지라도 자신을 청지기로 여기고 돈을 하나님의 축복으로 인정한다면 돈이 당신의 삶에서 차지하는 역할은 전적으로 바뀔 것입니다. 돈은 더 이상 당신을 지배하지 못하고 다만 당신의 도구가 될 것입니다. 돈의 소유주에서 돈의 청지기로 바뀌는 이 단순한 사고방식의 변화가 당신에게 엄청난 차이를 가져다 줄 것입니다.

많은 그리스도인들이 영적인 것에 관해서는 그들의 삶을 주님께 확실히 헌신했지만 재정 문제에 관해서는 돈을 자기 소유로 생각합니다. 삶에 여러 가지 압박이 있기에 돈을 자기가 통제해야 된다고 생각하는데 그와 같은 소유권 의식이 오히려 많은 문제들을 야기합니다.

재정에 대해 책임을 지는 첫 번째 단계는 돈이 자신의 것이 아니라는 사고방식을 갖는 것입니다. 돈에 집착하지 말고 이렇게 생각해야 합니다. '나는 하나님께서 나에게 맡기신 것의 청지기다. 하나님께서 나에게 이런 재능과 능력을 복으로 주셨다. 하나님께서 나의 직장을 복으로 주셨다. 하나님께서 나를 역사상 가장 잘 사는 번영의 시대에, 번영하는 나라에 살게 하셨다. 나의 모든 자원을 하나님께서 주셨고 지금도 나에게 복을 주시고 계신다. 나의 재정이 나에게 달려있지 않으므로 내가 원하는 대로 운영하는 것이 아니며 나는 청지기다.'

소유권 의식을 가진 사람들은 결국 모든 것을 자기 힘으로 하려고 합니다. 그러나 청지기는 하나님의 축복을 마음껏 받습니다. 아브라함이 얼마나 복을 받았는지 보십시오.

여호와께서 아브람에게 이르시되 너는 너의 고향과 친척과 아버지의 집을 떠나 내가 네게 보여 줄 땅으로 가라 내가 너로 큰 민족을 이루고 네게 복을 주어 네 이름을 창대하게 하리니 너는 복이 될지라 너를 축복하는 자에게는 내가 복을 내리고 너를 저주하는 자에게는 내가 저주하리니 땅의 모든 족속이 너로 말미암아 복을 얻을 것이라 하신지라 창 12:1-3

하나님께서는 여기서 "내가 아브라함에게 복을 주겠다."고 말씀하셨고 또 "내가 너의 이름을 창대하게 하겠다."고 하셨습니다. 아브라함의 이야기 전체를 다 읽어보면 하나님께서 축복을 말씀하실 때, 손으로 만질 수 없는 영적인 축복을 뜻하신 것이 아님을 알게 됩니다. 하나님께서는 눈에 보이는 땅의 축복을 뜻하셨습니다. 아브라함은 자신이 열심히 일해서 부자가 된 게 아니었습니다. 그가 부자가 된 이유는 하나님의 축복이 그의 삶에 임했기 때문입니다(히 6:13-14). 아브라함은 그가 하는 모든 일에 복을 받았습니다. 그가 실수를 했을 때에도 하나님은 그를 축복하셨습니다.

가나안에 기근이 닥쳤을 때 아브라함은 아내 사라를 데리고 애굽으로 내려갔습니다. 사라는 그때 나이가 60여 세였지만 매우 아름다웠기에 아브라함은 바로가 그녀를 빼앗으려고 자기를 죽일까 두려워했습니다. 그래서 아브라함은 바로에게 사라가 자기 아내가 아닌 누이라고 거짓말을 했습니다! 그것은 너무나도 잘못된 처사였으며 자기 아내를 위험한 상황에 빠뜨릴 수 있는 행동이었습니다. 아브라함은 자신의 생명을 위해 기꺼이 사라를 희생시키려고 했습니다. 그 결과, 하나님께서 사라를 아브라함에게 되돌려 보내시려고 바로의 집에 재앙을 보냄으로 개입하셔야만 했습니다(창 12장).

그 이후 30년이 안 되어 아브라함은 똑같은 일을 또 다시 저질렀습니다! 그랄 왕 아비멜렉에게 사라가 자기 누이라고 말한 것입니다. 이번에는 하나님께서 아비멜렉의 꿈에 나타나셔서 "사라를 되돌려주라. 그렇지 않으면 네가 죽을 것이다."라고 말씀하셨습니다. 아비멜렉은 하나님께서 아브라함과 함께 하신 것을 보고 사라를 돌려보내고 아브라함에게 금과 은과 양과 소와 몸종들을 함께 주었습니다. 그리고 아브라함에게 자신의 왕국 내 어디든지 원하는 곳에 거주하라고 했습니다. 두 경우 모두 잘못한 것은 아브라함이었지만 하나님의 축복은 멈추지 않았고 아브라함을 계속 부요케 했습니다(창 20장).

아브라함은 사업수완이 좋아 부자가 되었거나 그의 도덕성이 뛰어났기에 하나님께서 보상을 해 주신 것이 아니었습니다. 아브라함이 번영하게 된 것은 그를 복 주고 그의 이름을 창대하게 하겠다고 하신 하나님의 약속 때문이었습니다. 그가 받은 복은 아브라함의 공로와 무관했습니다. 그를 부요케 한 것은 순전히 하나님의 호의였습니다. 그와 마찬가지로 당신의 삶에서 부요와 번영의 원천 역시 당신의 노력이 아닙니다.

하나님의 복을 받아 아브라함이 크게 부자가 되었으므로 아브라함과 그와 조카 롯은 소와 양이 너무 많아 함께 거할 수 없게 되었습니다. 가축들이 너무 많아 한 장소에서 모두 먹일 수 없었으므로 그들의 종들이 목초지를 두고 서로 싸움을 벌이기 시작한 것입니다. 그래서 서로 헤어지지 않으면 안 되었습니다. 이 상황을 두고 아브라함과 롯이 나눈 대화가 그 사실을 잘 보여줍니다.

아브람이 롯에게 이르되 우리는 한 친족이라 나나 너나 내 목자나 네 목자나 서로 다투게 하지 말자 네 앞에 온 땅이 있지 아니하냐 나를 떠나가라 네가 좌하면 나는 우하고 네가 우하면 나는 좌하리라 이에 롯이 눈을 들어 요단 지역을 바라본즉 소알까지 온 땅에 물이 넉넉하니 여호와께서 소돔과 고모라를 멸하시기 전이었으므로 여호와의 동산 같고 애굽 땅과 같았더라 그러므로 롯이 요단 온 지역을 택하고 동으로 옮기니 그들이 서로 떠난지라 창 13:8-11

아브라함은 롯을 데리고 언덕 위로 올라가 온 땅을 내려다보았습니다. 땅의 한쪽 편은 물이 넉넉하며 풀이 많은 평원이었고 다른 한쪽은 메마른 땅이었습니다. 그들의 가축이 살아남으려면 풀이 얼마나 많이 필요했을지 생각해 보십시오. 당시에는 소와 양의 사료를 가게에 가서 사올 수가 없었습니다. 그들에게 유일한 먹거리의 원천은 풀밭이었습니다. 그러므로 롯이 물이 넉넉한 땅을 먼저 선택한 것은 놀랄 일이 아닙니다.

이 이야기는 아브라함이 하나님을 그의 원천으로 얼마나 확신했는지를 보여줍니다. 부요와 번영을 위해 자연적 환경과 자신의 노력을 의지하는 사람이라면 자기의 가축을 위해 물이 넉넉한 평지를 절대로 포기하지 않았을 것입니다. 자연환경을 보고 초원지대를 선택할 것이냐 아니면 사막을 선택할 것이냐를 결정하는 것은 쉬운 일입니다. 그러나 아브라함은 육안으로 보기에 자연 환경이 어떠하든 하나님이 그의 원천임을 알았습니다. 아브라함이 한 말은 이런 뜻이었습니다. "나는 어디로 가든 상관없다. 주님께서 나를 축복하실 테니까." 아브라함이 롯에게 더 좋은 땅을 양보하자마자 하나님께서 그에게 나타나셔서 아브라함이 전에 경험하지 못한 많은 부요와 번영을 약속하십니다.

> 롯이 아브람을 떠난 후에 여호와께서 아브람에게 이르시되 너는 눈을 들어 너 있는 곳에서 북쪽과 남쪽 그리고 동쪽과 서쪽을 바라보라 보이는 땅을 내가 너와 네 자손에게 주리니 영원히 이르리라 내가 네 자손이 땅의 티끌 같게 하리니 사람이 땅의 티끌을 능히 셀 수 있을진대 네 자손도 세리라 너는 일어나 그 땅을 종과 횡으로 두루 다녀 보라 내가 그것을 네게 주리라 창 13:14-17

자연의 이치로 볼 때는 사막에서 가축을 먹이는 사람이 푸른 풀이 가득한 초원에서 가축을 먹이는 사람만큼 번영하기란 불가능하지만 하나님께는 불가능한 것이 없습니다(눅 1:37).

하나님의 축복이 아브라함을 부요케 했고 아브라함은 롯보다 훨씬 더 번영하게 되었습니다.

롯과 아브라함이 헤어진 지 얼마 되지 않았을 때, 주변 왕들이 롯이 살던 소돔 성을 공격해 사람들을 전부 잡아갔습니다. 아브라함은 조카가 사로잡혀갔다는 소식을 듣자 전쟁에 대비해 훈련된 종들을 무장시켜 그 왕들을 추격했습니다. 그의 군대는 318명으로 구성되었는데 그것을 볼 때 아브라함이 얼마나 많은 종을 두었는지 알 수 있습니다(창 14:14). 아브라함의 군대가 주변 왕들을 쳐부수고 전리품과 함께 사로잡혀갔던 사람들을 되찾아왔습니다.

소돔 왕은 감사한 나머지 아브라함에게 전리품을 가져가도록 제의했습니다. "소돔 왕이 아브람에게 이르되 사람은 내게 보내고 물품은 네가 가지라."(창 14:21) 그 왕은 만일 아브라함이 없었더라면 나라 전체가 사라졌으리라는 것을 인정했습니다. 그 왕이 아브라함에게 제의한 전리품이 얼마나 되는지는 모르지만 오늘날 달러로 환산한다면 수백만 달러에 상당했으리라 생각해도 무리가 없을 것입니다. 아브라함이 다섯 개 성의 물품과 식량 및 귀중품을 모두 빼앗아왔으니 전리품의 가치는 어마어마한 돈이었음에 틀림없습니다. 하지만 아브라함은 왕의 제의를 받아들이지 않았습니다.

아브람이 소돔 왕에게 이르되 천지의 주재이시오 지극히 높으신 하나님 여호와께 내가 손을 들어 맹세하노니 네 말이 내가 아브람으로 치부하게 했다 할까 하여 네게 속한 것은 실 한 오라기나 들메끈 한 가닥도 내가 가지지 아니하리라 오직 젊은이들이 먹은 것과 나와 동행한 아넬과 에스골과 마므레의 분깃을 제할지니 그들이 그 분깃을 가질 것이니라 창 14:22-24

아브라함은 소돔 왕으로부터 돈 받기를 철저히 거절했습니다. 왜 그랬을까요? 어느 누구에게도 아브라함이 자기로 인해 부요해졌다고 주장할 만한 근거를 주고 싶지 않았기 때문입니다. 아브라함은 하나님의 축복 때문에 자신이 부요할 수 있음을 알았던 것입니다. 하나님이 부의 원천이라는 강한 확신이 있었기에 정당하게 벌어들였던 수백만 달러에 달하는 전리품을 양보했던 것입니다. 아브라함에게는 많은 소유물이 있었고 그를 위해 일하는 사람들도 많았습니다. 그는 자기 자신을 노력을 통해 부를 벌어들이는 사람으로 보지 않았고 하나님의 축복을 받은 자로 보았던 것입니다.

아브라함이 이러한 확신을 가지게 된 근거는 다음과 같은 하나님의 약속에 있습니다. "내가 네게 복을 주어 네 이름을 창대하게 하리라." 아브라함은 그의 양떼와 소떼를 관리하는 일에 최선을 다해 노력했으며 그를 도와주는 수백 명의 종들이 있었지만, 그럼에도 불구하고 그는 계속적으로 하나님을 그의 원천으로 삼았습니다. 그는 하나님을 신뢰했으며 그로 인해 하나님께서는 그를 초자연적으로 부요케 하셨습니다. 진정으로 하나님께서 주시는 재정적 부요의 길을 가고자 하는 그리스도인이라면 이와 같은 태도가 필요합니다.

하나님을 우리의 원천으로 삼고 우리가 가진 모든 것은 하나님의 선물이라는 태도를 세워가야 합니다. 지금 당신이 직장과 일터에서 주 40시간 혹은 60시간을 열심히 일하고 있을지도 모릅니다. 하지만 그럼에도 하나님이 우리의 원천이십니다! 하나님께서 당신에게 생명과 건강과 능력을 주셨습니다. 기회의 문들을 여시는 분도 하나님이십니다. 하나님이 우리의 원천이십니다. 그러므로 아브라함과 마찬가지로 우리가 가진 돈 역시 하나님의 것이라는 사실을 인정해야 합니다.

아브라함이 하나님을 그의 원천이라고 담대하게 선포하고 '소돔 왕이 아브라함을 부요케 했다.' 라고 말할 근거를 주지 않고 그 많은 재물을 양보한 이후에 주님께서 환상 가운데 아브라함에게 나타나서 말씀하셨습니다. "아브람아 두려워하지 말라 나는 네 방패요 너의 지극히 큰 상급이니라."(창 15:1) 이 말씀 안에는 영적인 의미도 있지만 또한 재정적인 의미도 들어 있습니다. 아브라함은 하나님만을 그의 유일한 원천으로 삼기 위해 수백만 달러를 양보했습니다. 그러자 하나님께서는 아브라함의 재정이 훨씬 더 증가하게 해 주셨습니다. 아브라함은 그가 포기한 모든 전리품에 이자까지 더해 하나님으로부터 받았던 것입니다.

하나님을 당신의 원천으로 인정하기 전에는 성경이 재정에 대해서 약속하는 그 어떤 것도 역사하지 않을 것입니다. 돈을 움켜쥐고 놓지 못하며 자기 소유를 축적하기만 한다면 하나님의 부요의 법칙은 당신의 삶에서 역사하지 않을 것입니다. 당신은 자신의 사고방식을 바꾸어 하나님께서 당신에게 주신 재정의 축복들을 관리하는 청지기로 자신을 인식하고 당신이 소유한 모든 것의 원천이 하나님이심을 인정해야 합니다.

하나님이 아브라함의 원천이셨던 것처럼 분명히 당신의 원천이기도 하십니다. 차이가 있다면 아브라함은 하나님이 그의 원천임을 알았으며 하나님을 신뢰했기에 번영을 누릴 수 있었습니다. 우리가 삶 가운데 더 큰 부요를 경험하지 못했던 이유 중 하나는 우리가 청지기라는 사실을 깨닫지 못했기 때문입니다. 우리는 소유한 모든 것을 우리 자신의 땀과 눈물의 결과로 봅니다. 그 때문에 돈에 대해 인색하고 이기적인 태도를 가지는 것입니다. 재정적인 부요가 역사하는 삶으로 들어가기 위한 첫 번째 단계는 재정적인 축복의 원천이 당신 자신이 아니라는 것을 인정하는 것입니다.

하나님을 당신의 원천으로 삼는다는 말은 집에 들어앉아서 아무 일도 하지 않는다는 뜻이 아닙니다. 일을 해야 합니다. 자신이 일을 한다 할지라도 수입과 증가를 가져다 주시는 분은 하나님이시라는 사실을 인정해야 합니다(고전 3:7). 농작물을 거두기 위해 땅을 갈고 씨를 뿌리는 것은 농부입니다. 그러나 심고 거둠의 자연법칙을 창조하신 분은 하나님이시고 식물이 자라도록 비와 햇빛 그리고 농사 지을 땅을 주신 분도 하나님이십니다. 농부의 건강도 그 원천은 하나님이십니다. 마찬가지로 하나님의 축복이 당신을 부요하고 번영하게 하며 그 부요와 번영의 기초는 당신 자신을 청지기로 보는 시각입니다.

02

하나님은 주시는 분이다

하나님께서 몽땅 다 **빼앗아** 가실 거란 생각에 사람들은 가진 돈에 대한 집착의 끈을 놓지 못합니다. 그러나 당신이 자신을 돌보는 것보다는 하나님께서 당신을 더 잘 돌보아 주실 것입니다. 하나님은 풍성하게 주시는 엘 샤다이El Shaddai이시지 인색한 엘 치포El Cheapo가 아닙니다. 하나님의 방법이 당신의 방법과 다를 수는 있겠지만, 확실한 것은 당신이 자기 자신을 돌보는 것보다는 하나님께서 당신을 훨씬 더 잘 돌보아 주실 거라는 사실입니다.

교회가 오랫동안 너무도 잘못된 사상을 많이 심어놓았기 때문에 사람들은 '주님은 그리스도인들이 주머니에 돈 한 푼

없이 작은 집에서 살기를 원하신다'고 생각합니다. 그러나 하나님의 말씀은 다르게 말합니다. 하나님께서는 그분의 자녀들에게 복을 주고 싶어 하십니다. 사실 당신이 너무도 형통한 나머지 당황스러울 정도가 아니라면 아마도 당신은 하나님을 재정의 원천으로 의지하지 않고 있을 가능성이 큽니다. 이 말이 조금은 충격적으로 들리겠지만 사실입니다.

제가 알고 지내던 분이 저에게 여러 해 동안 차를 사 주셨는데 그 차들은 싸구려가 아니었습니다. 그분은 저에게 최고급 차를 사 주셨습니다. 한번은 쉐비 서브어반 Chevy Suburban, 가족용 SUV 차량을 사주셨는데 너무나 멋진 차여서 제가 가는 곳마다 사람들이 그 차를 어디서 구입했으며 제 직업은 뭐냐고 물었습니다. 제가 사역자라고 하니 그들의 얼굴에 이렇게 쓰여 있었습니다. "목사가 타기에는 너무 좋은 차 아니야?" 그래서 그 차를 끌고 사람들 앞에 나타나기가 아주 당황스러웠습니다.

그래서 그 차를 사주신 분에게 가서 이렇게 말했습니다. "저기, 이 차가 너무 좋은데 불평은 아니고요 참 당황스럽습니다. 사람들이 목사는 이렇게 멋진 차를 몰고 다니면 안 된다고 생각을 하네요." 그는 잠시 저를 빤히 쳐다보더니 이렇게 말했습니다. "당신이 너무 형통한 나머지 당황스러울 정도가 아니라면 그것은 당신의 진정한 원천이 하나님이 아니시란 뜻입니다."

그 말이 저의 마음속에 깊이 파고들었습니다. 사실, 자신이 소유한 것들을 보며 "내가 이루어 냈어. 이건 전부 내가 노력한 결과야"라고 한다면 당신은 하나님의 초자연적인 능력을 활용한 것이 아닙니다. 그저 자신을 의지했을 뿐입니다.

물론 하나님으로부터 오는 부요는 부를 탐하는 것과는 다릅니다. 하나님께서는 당신이 좋은 것을 가지길 원하시지만 돈을 쌓아두고 오직 자기만을 위해 써서는 안 됩니다. 하나님의 돈을 맡은 청지기로서 당신의 자산을 관리하며 헌금하고 기부도 한다면 하나님께서 당신을 축복하실 것입니다. 하나님의 축복은 근심을 겸하여 주지 않습니다. 하나님의 축복으로 좋은 것도 가지게 되지만 그것을 유지하기 위해 몸이 상하도록 일해야 될 일은 없을 것입니다.

가진 것을 다 내려놓고 하나님을 신뢰하기 시작할 때 하나님은 당신이 내려놓은 것을 가져가시는 분이 아니라 오히려 몇 배로 증가시키시는 분임을 알게 될 것입니다. 하나님께서 당신의 삶에 들어오신 것은 당신의 것을 빼앗기 위해서가 아닙니다. 성경은 하나님께서 축복하셔서 잘되고 형통한 사람들의 이야기로 가득 차 있습니다. 그들은 모두 청지기의 태도를 지녔습니다. 그들은 모두 하나님을 그들의 원천으로 인정했습니다.

청지기의 좋은 본보기는 다윗입니다. 그는 주님께 성전을 지어드리기를 원했지만 하나님께서는 안 된다고 말씀하셨습니다. 하나님은 다윗의 아들 솔로몬이 성전을 건축하기 원하셨기 때문입니다. 다윗은 하나님께 순종했지만 솔로몬이 성전을 짓기 위해 필요하게 될 돈과 물질을 준비하기 시작했습니다. 그것은 다윗 나름의 헌금이었습니다. 다윗은 솔로몬이 자라는 동안 360억 달러에 상당한 금과 140억 달러에 상당한 은을 준비하고는 왕위를 넘겨주기 직전에 마지막 한 가지 선물을 더 준비했습니다. 그의 말입니다.

> 성전을 위하여 준비한 이 모든 것 외에도 내 마음이 내 하나님의 성전을 사모하므로 내가 사유한 금, 은으로 내 하나님의 성전을 위하여 드렸노니 곧 오빌의 금 삼천 달란트와 순은 칠천 달란트라 모든 성전 벽에 입히며 금, 은 그릇을 만들며 장인의 손으로 하는 모든 일에 쓰게 하였노니 오늘 누가 즐거이 손에 채워 여호와께 드리겠느냐 하는지라 대상 29:3-5

이 한 가지 선물을 위하여 다윗은 110톤의 금과 260톤의 은을 드렸습니다. 오늘날의 값으로 환산하면 그것은 60억 달러의 금과 3억 달러 이상의 은에 해당합니다. 이 막대한 선물을 드린 후에 다윗은 다른 사람들에게도 드리라고 격려했습니다. 각 지파의 모든 지도자들이 이 일에 참여하여 거금을 드리기 시작했습니다. 그 지도자들은 다윗보다 훨씬 더 많이 드렸습니다. 190톤의 금과 375톤의 은을 드렸습니다. 그것을 모두 합하면 그들은 170억 달러의 금과 은을 그 한 날에 드렸습니다.

> 다윗이 온 회중 앞에서 여호와를 송축하여 이르되 우리 조상 이스라엘의 하나님 여호와여 주는 영원부터 영원까지 송축을 받으시옵소서 여호와여 위대하심과 권능과 영광과 승리와 위엄이 다 주께 속하였사오니 천지에 있는 것이 다 주의 것이로소이다 여호와여 주권도 주께 속하였사오니 주는 높으사 만물의 머리이심이니이다 부와 귀가 주께로 말미암고 또 주는 만물의 주재가 되사 손에 권세와 능력이 있사오니 모든 사람을 크게 하심과 강하게 하심이 주의 손에 있나이다
>
> 대상 29:10-12

다윗은 자신을 청지기로 보았습니다. 그는 모든 자산을 하나님께서 그에게 주신 것으로 알았습니다. 다윗은 그의 모든 부의 원천을 하나님께로 돌렸습니다. 하나님께서 이스라엘 백성들을 종살이에서 건져내시고 그들을 부유하고 번영하는

민족으로 만드셔서 160억 달러 이상을 하루에 드릴 수 있게 하셨습니다. 하나님께서 그들을 광대하게 만들어 주셨던 것입니다.

> 우리 하나님 여호와여 우리가 주의 거룩한 이름을 위하여 성전을 건축하려고 미리 저축한 이 모든 물건이 다 주의 손에서 왔사오니 다 주의 것이니이다 나의 하나님이여 주께서 마음을 감찰하시고 정직을 기뻐하시는 줄을 내가 아나이다 내가 정직한 마음으로 이 모든 것을 즐거이 드렸사오며 이제 내가 또 여기 있는 주의 백성이 주께 자원하여 드리는 것을 보오니 심히 기쁘도소이다 대상 29:16-17

다윗의 말을 주목해 보십시오. 그들은 하나님께서 그들에게 주신 것을 드렸을 뿐이라고 합니다. 그들이 한 일은 원래 하나님의 소유였던 것을 다시 하나님께 돌려드린 것뿐이었습니다. 바로 이것이 지금 제가 설명하고 있는 태도입니다. 당신이 가진 돈이 당신의 것이 아니라는 생각에서 형통은 시작됩니다. 당신 자신을 부요의 원천으로 보지 말아야 하며 모든 축복과 부는 다 하나님께로부터 온다는 것을 인정해야 합니다.

사람들이 돈에 대해 스트레스를 받는 이유는 그들이 자신의 재정을 관리한다고 생각하기 때문입니다. 살아가는데 필요한 돈과 부요에 이르는 모든 책임이 자신에게 있다고 생각합니다. 직장을 잃거나 경제가 침체되는 것을 염려하는 이유도 자기 자신을 공급의 원천으로 생각하기 때문입니다.

자기 자신을 축복의 원천으로 생각하게 되면 자신이 통제할 수 없는 환경을 통제하려고 하며 그때 많은 압박을 받게 됩니다. 그러나 자신을 청지기로 보면 결과적으로 마음의 평안과 안정이라는 유익을 얻게 됩니다. 하나님이 자신의 원천임을 알 때 주변 상황에 따라 염려하지 않게 됩니다. 하나님께서 아브라함을 사막에서조차 형통하게 하시고 그의 양떼와 소떼를 풍성히 먹이셨다면 동일한 하나님께서 어떤 경제 상황에서도 당신을 복 주시고 형통케 하지 않으시겠습니까? 주변 상황은 중요하지 않습니다. 하나님께서는 당신을 책임지시며 당신의 머리카락 하나까지도 다 세십니다(마 10:30). 주님께서는 이 나라의 경제 상황이 아니라 그분의 영광 가운데 그의 풍성함을 따라 우리의 필요를 채우십니다(빌 4:19). 만일 당신이 재정에 대한 스트레스를 받고 있다면, 즉 미혼인 당신이 수입과 지출을 맞추기 위해 머리를 짜고 있거나 기혼인 당신이 돈 문제로 배우자와 말다툼을 하고 있다면, 저는 당신이 하나님을 당신의 형통의 원천으로 바라보기를 권면합니다.

때로는 당신이 직면하는 현실적이고 환경적인 문제들을 뛰어넘어 영적인 영역을 들여다보는 것이 어려울 수도 있지만 청지기 정신을 가진다면 그렇게 할 수 있습니다. 자기 자신을 재정의 원천으로 볼 때에는 결코 가지지 못할 자신감이 생기게 됩니다. 정말입니다. 청지기의 태도를 갖게 되면 정말로 자신에게 도움이 됩니다.

저를 형통케 한 것은 저 자신이 아니라는 것을 저는 잘 압니다. 우리 단체가 성공하게 된 것도 저의 지혜나 능력이 아닙니다. 그것은 하나님의 축복입니다. 저는 하나님께서 제 아내 제이미와 저를 가난에서 끌어올리신 그 시절을 잊지 않습니다. 저는 하나님이 저의 원천임을 압니다. 저에게도 재산이 있지만 그것은 사실 제 돈이 아닙니다. 그건 하나님의 돈이고 저는 그분의 청지기입니다.

저의 어머니는 2009년에 96세로 소천하셨습니다. 어머니께서 돌아가시기 한 달 전에 주님께서 저희 단체를 통해서 행하신 일들을 다시 한 번 들려달라고 하셨습니다. 저는 우리단체를 통해 삶이 변화된 전 세계에 퍼져있는 사람들에 대해 어머니께 말씀 드렸습니다. 제가 주님께서 행하신 그 일들에 대해 쉬지 않고 이야기를 하고 있는데 어머니께서 저의 말을 끊으시고 이렇게 말씀하셨습니다. "앤디야, 이건 하나님께서 하신 일인

줄 알아라." 제가 대답했습니다. "네, 어머니, 하나님께서 하신 일인 걸 저도 압니다." 그러고는 어머니께서 이렇게 말씀하셨습니다. "너는 그런 일을 할 만큼 머리가 좋진 않아!" 어머니만큼 우리를 겸손케 하시는 분은 그 어디에도 없으시지요!

그러나 저는 어머니 말에 전적으로 동의합니다. 제가 제 인생과 우리단체를 돌아볼 때, 저라면 지금까지 일어난 일들을 계획도 할 수 없었을 것입니다. 저는 주님께서 심어주신 비전과 소원이 있었지만 그것을 어떻게 실현시킬지에 대해서는 깜깜했습니다. 아내와 제가 한 일이라고는 죽을힘을 다해 예수님만 꽉 붙들었던 것이고 그런 우리를 데리고 놀라운 길을 가신 분은 주님이십니다. 저는 정말이지 제 인생에서 좋았던 모든 일들의 원천이 하나님이심을 인정합니다.

우리 모두는 우리의 수입을 하나님께서 우리에게 맡겨주신 것으로 보고 하나님께서는 우리가 그 돈으로 무엇을 하길 원하실까 자신에게 물어야 합니다. 당신의 수입이 정말로 하나님의 돈이라는 것을 알면 전혀 다른 태도로 재정 문제를 접근하게 됩니다. 그러므로 돈에 대한 당신의 태도는 그 돈으로 무엇을 하느냐보다 더 중요합니다.

시편은 태도에 관해 뭐라고 하는지 봅시다.

내 백성아 들을지어다 내가 말하리라 이스라엘아 내가 네게 증언하리라 나는 하나님 곧 네 하나님이로다 나는 네 제물 때문에 너를 책망하지는 아니하리니 네 번제가 항상 내 앞에 있음이로다 내가 네 집에서 수소나 네 우리에서 숫염소를 가져가지 아니하리니 이는 삼림의 짐승들과 뭇 산의 가축이 다 내 것이며 산의 모든 새들도 내가 아는 것이며 들의 짐승도 내 것임이로다 내가 가령 주려도 네게 이르지 아니할 것은 세계와 거기에 충만한 것이 내 것임이로다 내가 수소의 고기를 먹으며 염소의 피를 마시겠느냐 감사로 하나님께 제사를 드리며 지존하신 이에게 네 서원을 갚으며 시 50:7-14

여기 하나님의 말씀은 희생 제물이 부족하다는 것이 아닙니다. 그들은 계속적으로 제물을 드려왔습니다. 그들에 대한 하나님의 불만은 제물을 드리는 마음의 태도에 관한 것이었습니다. 그들은 핵심을 놓치고 있었습니다! 하나님께서 필요한 것은 제물이 아니었습니다. 제사 제도를 정하실 때 하나님께서는 사람이 의로워지기 위해서는 피를 흘려야 한다는 것을 예시하려고 하셨습니다(롬 5:9). 그것은 그리스도께서 우리의 죗값으로 그의 피를 드리게 될 것이라는 예언적 예시였습니다. 미래에 다가올 신약의 실재를 보여주는 예표이자 그림자였습니다. 이스라엘 백성들은 제물을 드리는 시늉만 하고 그들의 마음을 하나님께 드리지 않았던 것입니다.

그들은 무슨 이유에서인지 하나님께서 수소와 염소가 필요하셨기 때문에 제물을 드리는 것이라 생각했습니다. 그러나 시편 50편 말씀은 하나님께는 그들의 제물이 필요치 않다는 것을 분명히 밝히고 있습니다. 모든 것은 이미 다 주님의 것입니다. 하나님께서 말씀하셨습니다. "설령 내가 주린다 하여도 너희에게 말하지 아니하리라! 세계가 나의 것이고 거기에 있는 모든 것이 다 내 것이니라." 하나님께서는 어느 누구에게 먹을 것을 달라고 할 필요가 없습니다. 사실 제물을 드리는 일은 이스라엘 백성들에게 필요한 일이었습니다. 그것을 하나님께 돌려드림으로써 그들이 하나님을 신뢰하고 의지한다는 것을 보여야 했습니다. 그것은 하나님을 위한 것이 아니라 그들을 위한 것이었습니다.

왜 하나님께서 우리에게 소득의 10%를 교회에 드리라고 하셨는지 아십니까? 하나님께서 우리 돈이 필요해서가 아닙니다! 땅에 있는 금과 은, 그리고 부는 모두 하나님의 것입니다(학 2:8). 하나님은 우리의 후원금이 필요하지 않으십니다. 하나님께서는 교회 재정을 다른 방법으로 공급하실 수도 있었습니다. 아브라함과 이삭 그리고 다윗과 솔로몬 및 기타 성경에

등장하는 모든 사람들을 부요하게 하신 방법으로 복음을 전하는 모든 사역자들을 부요케 하실 수 있었을 것입니다. 이렇듯 십일조는 우리의 유익을 위해서 있는 것이지 하나님을 위해서가 아닙니다.

하나님께 구약의 제물이 필요하지 않았던 것처럼 당신의 돈도 필요하지 않습니다. 십일조의 핵심은 당신이 하나님을 당신의 모든 돈의 원천으로 인정할 줄 아느냐 하는 것입니다. 하나님을 당신의 원천으로 믿는다고 말하는 것과 그것을 증명해 보이는 것은 다른 문제입니다. 당신이 그것을 하나님이 아니라 당신 자신에게 증명하는 방법은 당신이 버는 것의 일부를 하나님께 돌려드리는 것입니다. 정말로 하나님을 자신의 원천으로 생각하지 않는 사람들은 그들이 가진 것의 일부를 드리는 것을 주저하며 이렇게 생각할 것입니다. '나는 그 돈이 필요해!' 그러나 하나님을 당신의 원천으로 생각한다면 하나님께서 당신에게 주신 것의 일부를 돌려드리는 것은 아무것도 아닙니다.

자기 자신을 공급자로 여길 때 돈 문제는 어려워집니다. 그럴 때 돈은 당신이 살아남기 위해 얼마나 열심히 일해야 하는가를 상기시킬 뿐입니다. 헌금이라도 하려고 하면 자신이 세운 재정적 목표점에서 점점 더 멀어지는 것만 같을 것입니다. 하나님이 당신의 원천이 아니라면 정말 그럴 것입니다. 그러나 하나님의 경제 시스템에서는 소유에 집착할 때가 아니라 그것을 드릴 때 목표에 더 가까이 가게 됩니다.

이 모든 것은 결국 믿음의 문제입니다. 그렇기 때문에 하나님께서는 우리에게 주라고 말씀하신 것입니다. 하나님은 우리의 돈이 필요하지 않으십니다. 하나님은 재정의 다른 원리를 이용하여 그분의 나라를 세우실 수도 있습니다. 하나님께서는 모든 사역자에게 엄청난 부를 창출할 수 있는 창조적인 아이디어를 주실 수도 있습니다. 그 외에도 여러 가지 일을 하실 수 있으시지만 그렇게 하지 않으시고 헌금을 통해 그분의 나라를 세워 가시는 것은 당신이 하나님을 신뢰하고 하나님을 당신의 원천으로 인정하길 원하시기 때문입니다. 설령 당신에게 돈이 있다 할지라도 자신의 능력으로 얻은 것이 아니라는 것을 당신이 기억하길 하나님은 원하십니다. 모세는 이렇게 기록했습니다.

> 네 하나님 여호와를 기억하라 그가 네게 재물 얻을 능력을 주셨음이라 이같이 하심은 네 조상들에게 맹세하신 언약을 오늘과 같이 이루려 하심이니라 신 8:18

하나님께서 우리에게 재물 얻을 능력을 주십니다. 그러므로 우리가 생계유지를 위해 많은 노력을 하였다 하더라도 하나님이 우리의 원천임을 인정하는 것은 매우 중요합니다. 모든 부요는 하나님으로부터 옵니다. 하나님께서 우리를 축복하시는 것은 "그의 언약을 이루시기 위함"이며 그 결과로 우리는 다른 사람에게 축복이 될 수 있습니다. 그렇습니다. 하나님께서는 당신에게도 살아갈 수 있는 돈을 주시지만 축복의 첫 번째 이유는 당신으로 하여금 복의 근원이 되게 하려는 것입니다(창 12:3, 엡 4:28, 고후 9:8).

자기 자신을 재정의 소유주로 보게 되면 헌금하는 것이 문제가 됩니다. 왜냐하면 하나님께서 당신에게 헌금하라고 인도하실 때나 혹은 당신이 말씀을 통해 헌금하라는 인도를 받을 때 다음과 같이 생각할 수도 있기 때문입니다. '아니, 하나님께서 도대체 무슨 권리로 내 돈을 가지고 나더러 이래라저래라 하실 수 있단 말인가?' 당신이 가진 재물은 무엇이든 다 하나님께로부터 온 것입니다. 당신에게 부요하고 번영할 능력과 힘을 주시는 분은 바로 하나님이십니다.

신명기 8장 18절에서 흥미로운 점은 하나님께서 약속의 땅에 들어갈 이스라엘 자손들에게 말씀하고 계시다는 사실입니다. 그들을 위해 거인들의 집이 준비되어 있었습니다. 밭에

돌멩이들은 이미 깨끗하게 솎아졌고, 고랑도 파져 있었으며, 농작물도 자라고 있었습니다. 다른 사람들이 수고한 것이 이스라엘 백성들을 위해 준비되어 있었습니다. 사막에서 살다가 부요가 넘치는 저택으로 옮겨졌을 때 부요의 원천인 하나님을 잊지 말라고 말씀하신 것입니다. "너희 자신의 힘이나 능력으로 재물을 얻었다고 생각하지 말라. 너희를 부요케 한 것은 바로 나다. 내가 그렇게 한 것은 이 땅에 내 언약을 세우기 위해서이다."

오늘날 우리들에게 있어서도 마찬가지입니다. 우리를 부요케 하시는 분은 하나님이십니다. 많은 사람들이 자신은 부요하지 않다고 생각하는데 그것은 부요에 대한 우리의 기준이 균형에서 벗어나 있기 때문입니다. 우리는 물질적인 필요 이상으로 번영을 누리고 있기 때문에 신형 고급 세단을 몰고 고화질 평면 스크린 TV를 다섯 대 이상 소유하지 않으면 넉넉하게 가진 것으로 생각하지 않습니다. 우리가 가난이라고 생각하는 것은 지구 저편에 사는 사람들이 겪고 있는 일들과는 비교도 안 됩니다. 우리는 살아남기 위해 몸부림친다는 것이 무엇인지 모릅니다.

우리는 과거에 사람들이 꿈도 꾸지 못한 부요 속에 살고 있습니다. 그렇지만 이 시대에 태어나기 위해 우리가 한 일이라곤 아무것도 없습니다. 이러한 기회와 자유의 시대에 태어난 것은 우리 자신 때문이 아닙니다. 오늘날에도 부요와 번영을 추구하는 것이 허용되지 않는 사회 시스템, 즉 그들의 재정 상태를 통제하는 독재 정권하에 태어나는 사람들이 있습니다. 그런가 하면 또한 전쟁, 핍박, 감금 등으로 인해 고통을 겪는 사람들도 있습니다. 부요가 넘치는 시대에 태어난 우리는 과도한 축복을 받은 것입니다. 그런 것을 볼 때 부요할 수 있는 능력이 하나님께 받은 선물이라는 것을 알아야 합니다. 그러므로 우리는 우리가 받은 것들을 자랑할 수 없습니다.

사도 바울은 고린도교회에 보낸 편지에서 그 점을 이야기했습니다.

> 누가 너를 남달리 구별했느냐 네게 있는 것 중에 받지 아니한 것이 무엇이냐 네가 받았은즉 어찌하여 받지 아니한 것같이 자랑하느냐 고전 4:7

우리가 가진 모든 것은 하나님께로부터 받은 것입니다. 그것은 받은 것이니 스스로 얻어냈다고 자랑할 수 없습니다. 고린도교회 성도들도 우리처럼 일을 했습니다. 그러나 바울은 주 안에서의 그들의 정체성과 모든 소유는 다 하나님께로부터 온 것이라고 했습니다. 말씀을 공부하느라 제가 보낸 시간은 아마도 수천수만 시간은 될 것입니다. 그렇다고 해서 혼자 힘으로 성공했다는 태도를 가진다면 그것은 잘못된 것입니다. 우리 단체가 잘 돌아갈 수 있도록 열심히 일했지만 성공한 이유는 저에게 있지 않습니다. 하나님께서 저를 사역으로 부르시고 그분의 은혜로 성공의 축복을 주신 것이지 제가 무엇을 잘 했기 때문이 아닙니다.

많은 그리스도인들이 자신의 일을 성공케 하시는 분이 하나님임을 알지만 하나님을 재정적 성공의 원천으로 인식하는 사람은 별로 없습니다. 많은 사람들이 그들에게 직업을 주신 데서 하나님의 손길을 보지만 사실, 당신이 가진 것 중에 하나님께서 주시지 않은 것은 하나도 없습니다. 하나님의 자원을 맡은 청지기로서 자신의 역할을 알지 못할 때 재정적 어려움에 빠지게 되는 것입니다. 청지기는 어떤 주인이라도 자신이 빚을 져서 시가의 2~3배 이자를 무는 일을 원치 않는다는 것을 압니다. 청지기는 새 장난감을 기다리다 못해 주인의 돈으로 충동구매 하지 않습니다. 뭔가를 외상으로 구매하기 위해 미래를 저당 잡히지도 않습니다.

하나님의 말씀에는 재정적 결정을 잘 할 수 있도록 도움을 주는 교훈이 가득합니다. 예를 들면 말씀은 우리에게 돈을 따로 떼어 준비해두라고 말합니다. 재정이 조금만 쪼들려도 많은 사람들이 큰 타격을 받는 이유는 저축해놓은 것이 없기 때문입니다. 또한 돈을 잘 사용하지 못했기 때문이기도 합니다. 어떤 사람들은 수입이 넘쳐나지만 지출도 한계에 도달해 있기 때문에 약간의 불황만 닥쳐도 재정적으로 큰 문제를 겪습니다. 재정에 관한 하나님의 조언을 따를 때 그런 실수에서 벗어날 수 있지만 말씀이 가르치는 돈 관리법을 이해하기 전에 먼저 청지기의 사고방식을 받아들여야 합니다.

하나님 없이도 번영할 수 있습니다. 그러나 머리 아픈 일이 함께 따라옵니다. 주님께서 주시는 복은 당신을 부하게 하지만 근심을 겸하여 주지 아니하신다고 성경은 말합니다(잠 10:22). 스스로 모든 것을 하려고 할 때는 그 책임도 직접 져야 합니다. 그러기 때문에 사람들이 주식시장에서 어떤 일이 일어날까 혹은 집세와 세금, 카드 값 등을 어떻게 지불할까 등등 이런저런 문제로 스트레스를 많이 받습니다. 하나님이 당신의 원천이시면 당신의 부요와 번영에는 근심이 따르지 않습니다. 성경은 이렇게 말합니다.

부하려 하는 자들은 시험과 올무와 여러 가지 어리석고 해로운 욕심에 떨어지나니 곧 사람으로 파멸과 멸망에 빠지게 하는 것이라 돈을 사랑함이 일만 악의 뿌리가 되나니 이것을 탐내는 자들은 미혹을 받아 믿음에서 떠나 많은 근심으로써 자기를 찔렀도다 딤전 6:9,10

부요와 번영을 얻으려는 세상의 방법은 경건하지 않으며 그것을 불경건한 방법으로 얻는 사람들은 스스로에게 슬픔과 파멸을 가져옵니다. 재정에 대한 세상의 태도는 과도한 스트레스의 원인이 됩니다. 그들은 하루를 견디기 위해 약을 먹어야 하고 밤에 잠들기 위해 또 약을 먹어야 합니다. 우리는 세상의 본을 따르지 말아야 합니다. 부요와 번영을 구하는 경건한 방법은 하나님께서 재물 얻을 능력을 우리에게 주셨다는 것과 하나님께서 우리에게 복으로 주신 것들의 청지기가 되는 것이 우리의 역할임을 아는 것입니다. 우리는 무엇보다도 먼저 하나님의 나라를 구합니다. 그러면 하나님께서 우리에게 필요한 모든 물질적인 것들을 더하여 주십니다(마 6:33).

부요와 번영에 관한 가장 중요한 두 가지 단계는 하나님이 당신의 원천임을 인정하고 청지기의 사고방식을 세워나가는 것입니다. 당신이 그 두 가지를 실행하면 하나님의 말씀이 당신을 부요케 하실 것입니다. 또한 재정과 관련된 스트레스와 염려를 없애 줄 것입니다. 그것은 당신의 돈이 아니기 때문입니다!

자신의 돈을 꽉 움켜잡지 않는다면 하나님께서 빼앗아 갈 것이라는 두려움도 가질 필요가 없습니다. 하나님은 감소시키는 분이 아니라 증가시키는 분이십니다. 사실, 청지기가 되면 모든 것을 바르게 보게 되고 하나님으로부터 더 많은 복을 받게 됩니다. 당신은 복을 받을 것이며 결과적으로 다른 사람들에게 더 많은 복이 될 것입니다.

03

더 큰 것

지극히 작은 것에 충성된 자는 큰 것에도 충성되고 지극히 작은 것에 불의한 자는 큰 것에도 불의하니라 눅 16:10

사람들이 이 구절을 인용할 때면 '큰 권세가 맡겨지기를 원한다면 작은 것부터 충성해야 한다.'고 합니다. 저도 우리 카리스 성경 대학 학생들에게 '학교를 졸업하자마자 성도 수가 수천 명인 교회를 바로 목회하지는 못한다.'고 가르칩니다. 먼저 작은 것에 충성해야 합니다. 교회에서 섬기는 일도 하고 성경공부도 인도하면서 다양한 사역을 해 봐야 합니다. 작은 것을 충성스럽게 감당할 때 하나님께서는 지도자로서의 직분을 늘려주실 것입니다. 그것이 맞는 말이고 그 진리를 증명하기 위해 이 구절을 사용하는 것이 틀린 것은 아니지만 예수님께서 말씀하신 것은 그런 뜻이 아닙니다.

그 구절의 문맥을 보며 적용해야 합니다. 이 구절의 문맥은 주인의 돈을 낭비한 청지기 이야기입니다. 문맥상으로 보면 예수님께서 하시는 말씀은 하나님을 신뢰함에 있어서 가장 작은 믿음이 들어가는 영역은 돈이라는 것입니다. 얼마나 믿기지 않는 말입니까! 대부분의 믿는 자들이 생각하는 것과 완전 반대입니다.

돈이란 성숙한 그리스도인들이나 취급할 사안이며 오히려 구원과 거룩한 삶을 사는 것이 간단한 일이라고 생각하는 사람들이 많습니다. 사실, 제가 TV나 라디오 방송에서 재정에 대해 가르칠 때면 그것을 못마땅하게 여기는 사람들이 항상 있습니다. 실제로 한번은 돈에 대한 이야기로 방송시간을 낭비했으니 저를 고소하겠다고 위협하는 편지도 받았습니다. 그는 자기가 생각하기로는 더 중요한 문제들을 다루어야 할 시간에, 제가 시간을 낭비하며 돈 얘기를 했다고 화를 많이 냈습니다. 그러나 재정은 하나님을 신뢰하는 영역들 중 가장 낮은 단계입니다! 그것이 시작점입니다. 불의한 청지기의 비유에서 예수님은 계속 말씀하셨습니다.

너희가 만일 불의한 재물에도 충성하지 아니하면 누가 참된 것으로 너희에게 맡기겠느냐 너희가 만일 남의 것에 충성하지 아니하면 누가 너희의 것을 너희에게 주겠느냐 집 하인이 두 주인을 섬길 수 없나니 혹 이를 미워하고 저를 사랑하거나 혹 이를 중히 여기고 저를 경히 여길 것임이니라 너희는 하나님과 재물(맘몬; mammon/KJV)을 겸하여 섬길 수 없느니라

눅 16:11-13

맘몬은 돈을 뜻합니다. 우리는 돈에 대한 얘기를 해야 합니다. 그 이유는 이 비유를 통해 예수님께서 '재정 분야가 하나님을 신뢰하는 것에 있어서 가장 낮은 단계'라고 말씀하셨기 때문입니다. 먼저 더 작은 일을 하지 않고서는 후에 더 큰 일을 할 수 없습니다. 만일 당신이 2kg을 들어 올릴 수 없다면 절대 40kg을 들어 올리려고 해서는 안 됩니다. 가장 작은 것으로부터 시작해서 조금씩 늘려가야 합니다. 열 발자국도 걸을 수 없는데 산을 올라갈 수는 없는 일입니다. 1km를 달릴 수 없는데 마라톤을 할 수는 없습니다. 뭔가를 처음 배울 때 가장 높은 단계부터 시작하지 않습니다. 가장 낮은 단계에서 시작하여 점점 더 올라갑니다.

기억하십시오. 당신의 재정을 하나님께 맡기는 것은 하나님을

신뢰하는 일에 있어서 가장 낮은 단계라고 예수님께서 말씀하십니다. 재정은 믿음이 가장 적게 들어가는 영역입니다. 예수님께서 누가복음 16장 10절에서 "지극히 작은 것에 충성된 자"라고 말씀하실 때, 바로 돈을 가리켜 "지극히 작은 것"이라고 하신 것입니다. 생각해 보십시오. 만일 당신이 재정의 영역에서 하나님을 신뢰하지 못하고 있으면서 영원한 구원 또는 그 이외 다른 것들에 대해 하나님을 신뢰하고 있다고 생각하는 것은 자기 자신을 속이고 있는 것입니다. 의미심장한 말 아닙니까!

만일 더 큰 일들을 당신의 삶에서 경험하지 못하고 있다면 "가장 작은 것"에 있어서 하나님을 신뢰하지 않고 있을 가능성이 매우 큽니다. 당신의 가정의 회복과 몸의 치유, 혹은 정신적, 정서적 치유를 위해 필요한 믿음은 재정을 위한 믿음보다 훨씬 큽니다. 만일 당신이 아직도 재정에 대해 하나님을 신뢰하지 못하고 있다면 어떻게 그것을 훨씬 뛰어 넘어 하나님께서 당신의 몸을 치유하리라고 신뢰할 수 있겠습니까? 만일 당신이 가장 작은 것, 즉 당신의 돈에 대해 하나님을 신뢰하지 못한다면 어떻게 하나님이 우울증을 극복하게 해주시리라고 신뢰할 수 있겠습니까? 하나님이 당신에게 영생을 주시는 것은 신뢰하면서 하나님이 당신의 물질적 필요를 공급해주시는 것은 신뢰할 수 없다는 말입니까?

하나님께서 공급해주지 않을까봐 두려워 돈을 움켜쥐면서도 하나님께서 치유나 회복을 주시리라 믿는다고 말하는 것은 이렇게 말하는 것과 같습니다. "3미터를 점프할 수는 없지만 그랜드 캐니언은 뛰어 넘을 수 있어." 그것은 불가능합니다. 그러나 당신이 많은 시련을 통과해야만 하나님이 당신을 치유하신다는 말은 아닙니다. 모든 것은 이미 공급이 되어 있으니까요. 다만 그것이 불가능한 이유는 먼저 작은 것에 대해 하나님을 신뢰하지 못한다면 더 큰 것에 대해 하나님을 신뢰할 수 없을 것이기 때문입니다.

우리의 재정에 대해 하나님을 신뢰하는 것은 생각보다 훨씬 더 중요합니다. 많은 사람들이 이 문제를 회피하고 더 높은 단계로 나아가려 하지만 그것은 불가능합니다. 삶의 다른 영역들과 마찬가지로 처음 단계서부터 시작하여 점점 발전해가야 합니다. 사다리의 제일 밑바닥에서 바로 꼭대기로 뛰어오를 수는 없습니다. 맨 밑바닥에서 출발하여 하나씩 올라가야 합니다. 재정을 하나님께 맡기는 것은 맨 아래 첫 단계입니다. 거기가 출발 지점입니다.

제가 한번은 캘리포니아의 한 교회에서 같은 메시지를 전했는데 하나님께서 그 말씀을 사용하여 사람들의 마음을 만져 주셨습니다. 말씀이 끝난 후, 방금 배운 것을 행동으로 옮길 수 있도록 헌금시간을 가졌습니다. 헌금을 거두는 이유가 저 자신을 위함이 아니란 것을 그분들이 알기를 원했습니다. 그래서 헌금 전액을 그 교회 목사님께 드리기로 했습니다. 그들이 헌금함을 돌릴 때 주님께서 저에게 말씀하셨습니다. "이 사람들이 그들의 재정에 대해 나를 신뢰할 때 어떤 일이 일어나는지 지켜보아라." 헌금이 끝날 무렵 제가 기도하기 위해 일어났는데 그때 기적이 시작되었습니다! 사람들이 하나님의 치유의 능력을 받기 시작한 것입니다. 하나님의 능력이 매우 극적으로 나타났기 때문에 사람들은 앞쪽으로 달려 나와 구원받으려면 어떻게 해야 하는지 물었습니다.

그 중에 몇 사람이 그동안 치유받지 못했던 이유는 바로 재정 분야에서 하나님을 온전히 신뢰하지 않았기 때문이라는 것을 제 눈으로 확인한 순간이었습니다. 많은 사역자들이 이와 같이 생각하지 않는다는 것을 저도 알고 있습니다. 그들은 구원에 대한 설교만 하고 그리스도인들이 재정 문제는 스스로 알아서 해결하라는 식으로 내버려두려고 합니다. 하지만 그것은 성경이 가르치는 바가 아닙니다. 예수님께서 말씀하시기를 우리의 재정을 하나님께 맡기는 것이 기본이라고 하셨습니다.

저의 말을 오해하지 않길 바랍니다. 돈만 드리면 기적 같은 일이 생긴다는 뜻은 아닙니다. 치유나 다른 여러 가지 하나님의 축복들은 돈으로 살 수 없습니다. 오직 믿음으로만 하나님께로부터 받는 것입니다. 하나님께서 우리를 위해 행하신 일이 우리 삶에 나타나게 하는 것은 오직 믿음뿐입니다. 제가 하고자 하는 말은 재정에 대한 믿음이 가장 작은 믿음이며, 만일 당신이 이 가장 작은 일을 행하지 않는다면 더 큰 일을 할 수 없다는 것입니다.

저는 신체적, 감정적 치유를 받으려는 사람들을 항상 만나곤 하는데 그들은 자신의 돈에 대해 하나님을 신뢰하지 않았습니다. 솔직히 이런 이야기를 함에 있어서 제가 충분히 담대하지 못한 것이 아닌가 생각합니다. 아마도 이 부분에 대해서 제가 좀 더 강해져야 할 것 같습니다. 왜냐하면 사람들이 물질을 드리고 받는 것에 대해서 하나님의 단순한 약속들을 믿지 않으면서 하나님으로부터 암을 치유를 받겠다고 저에게 온 것을 제 마음으로 알기 때문입니다. 그들은 재정의 공급에 대한 하나님의 약속이 사실이라는 것을 실제로 믿지 않기 때문에 십일조나 드리는 일을 하지 않습니다. 실제로는 하나님을 신뢰하지 않는 것입니다. 그러니 어떻게 하나님께서 암을 치유하실 것을 믿겠습니까? 가장 작은 믿음을 사용하는 돈에 대해서도 하나님을 믿지 않는다면 더 큰 것에 대해서 하나님을 믿지 못할 것입니다.

제가 두어 차례 사람들에게 어떻게 헌금을 하느냐고 질문해 본 적이 있습니다. 한번은 한 지인이 애틀랜타에서 저의 집회에 참석하여 저에게 기도를 받고자 했습니다. 이야기를 나누고 있을 때 주님께서 저에게 그녀가 헌금을 안 하고 있다는 것을 알려주셨습니다. 그 정도의 기본은 알 만한 사람이었습니다. 그래서 제가 물었습니다. "성실하게 헌금하고 계세요?"

그녀는 저를 쳐다보더니 이렇게 말했습니다. "아니오. 그동안 못하고 있었습니다."

그녀는 하나님을 믿어 치유를 받으려고 했지만 가장 작은 것을 하지 않고 있었습니다. 그래서 제가 그녀에게 말했습니다. "당신이 이미 아는 것을 행하지 않고 더 작은 일들에 믿음을 사용하지 않는다면 더 큰 것들을 받도록 제가 기도한 들 무슨 소용이 있겠습니까?"

어떤 사람들은 제가 재정에 신실한 것과 하나님의 치유를 받는 것을 연결시킨다는 것에 충격을 받을지 모릅니다. 하지만 그것들은 서로 연결이 되어 있습니다. 헌금을 해서 하나님을 기쁘시게 해야 치유를 받는다는 말이 아닙니다. 큰 것을 하나님께 의지하기 전에 먼저 작은 것을 하나님께 의지할 수 있느냐의 문제입니다. 부자 관원이 예수님께 와서 "내가 무엇을 하여야 영생을 얻으리이까?"(눅 18:18)라고 물었을 때 예수님께서 하신 말씀이 바로 그것이었습니다. 예수님은 그 젊은이의 마음이 바르지 못하다는 것을 아시고 그가 가진 모든 것을 팔아 가난한 자들에게 나눠주고 그 다음에 와서 그를 따르라고 하셨습니다. 예수님은 그 젊은이에게 이렇게 말씀하신 것이었습니다. "네가 만일 가장 작은 것에서 나를 신뢰할 수 없다면 더 큰 것에도 나를 신뢰하지 못할 것이다."

우리가 앞에서 살펴보았던 그 불의한 청지기의 비유에서 예수님은 이렇게 말씀하셨습니다. "그러므로 네가 불의한 재물에 충성하지 못한다면, 누가 너에게 참된 재물을 맡기겠느냐?" (눅 16:11) 사람들은 돈을 진짜 재산이라고 생각하지만 건강에 비하면 아무것도 아닙니다. 사람들은 건강해지려고 엄청난 돈을 씁니다. 실제로 병에 걸려본 사람은 건강이야말로 값으로 따질 수 없는 것이라고 말합니다.

어떤 사람들은 그들이 치유를 받는다면, 그들의 결혼생활이 회복된다면, 혹은 우울증에서 해방된다면 그 이후에 재정에 충실한 청지기 노릇을 할 것이라고 합니다. 더 작은 축복들에 대해 하나님을 신뢰하지 않으면서 더 큰 축복을 받고 싶어 합니다. 그렇게 할 수 없습니다. 가장 작은 것부터 시작해서 점점 발전해나가야 합니다.

재정에 관해서는 하나님을 신뢰하지 않으면서 하나님께서

암을 치유하실 거라고 믿어보려는 것은 어리석은 일입니다. 그러다가 몸이 치유되지 않으면 좌절하고 실망하게 될 것입니다. 더 나쁜 것은 그 일로 쓴 뿌리가 생겨서 믿음이 역사하지 않는다거나 혹은 하나님의 말씀이 사실이 아니라고 생각하게 될지도 모릅니다. 아니지요. 믿음은 역사하며 하나님은 당신이 건강하기를 원하십니다. 믿음이란 하나님을 신뢰하는 것입니다. 만일 당신의 재정에 관해 하나님을 신뢰하지 않는다면 하나님의 아들 예수께서 이미 당신의 치유를 위해 값을 치르셨다는 것을 신뢰할 수 없을 것입니다. 기억하십시오. 하나님의 말씀은 당신이 두 주인을 섬길 수 없다고 말합니다(눅 16:13). 돈에 관해서는 자기 자신을 신뢰하면서 그 밖의 모든 것에서는 하나님을 신뢰하려고 하는 것은 있을 수 없습니다.

당신의 마음을 상하게 하려고 이 말을 하는 게 아닙니다. 당신을 깨우쳐 주기 위해서입니다. 만일 당신이 치유를 위한 믿음에 계속 서 있는데도 신체적인 치유가 나타나지 않는다면, 이것 때문인지도 모릅니다. 당신의 재정을 어떻게 관리하고 있는지 생각해보십시오. 당신의 재정을 하나님께 맡기고 있습니까? 그렇지 않다면 왜 당신이 치유를 받지 못했는지 더 이상 살펴볼 필요가 없습니다. 당신의 믿음을 칸막이로 구분해서 한 영역에서는 하나님을 신뢰하고 다른 영역에서는 신뢰하지 않으려고 하는 것은 효력이 없습니다. 하나님을 신뢰하려면 모든 것을 신뢰해야 합니다. 당신이 예수를 당신의 주로 고백하고 하나님께서 그분을 죽은 자 가운데서 살리신 것을 마음에 믿을 때 영생을 약속하신(롬 10:9) 그 동일한 하나님께서 또한 주라 그리하면 너희에게 주시리라(눅 6:38)고 말씀하셨습니다

저에게 재력이 있어서 10달러를 저에게 보내는 사람에게 1,000달러를 돌려줄 수 있다고 상상해보십시오. 제 말이 사실이라고 믿으면서 10달러를 보내지 않는 것은 어리석은 일일 것입니다. 당신이 어떤 재정적 난관에 처해 있더라도 그것은 문제가 되지 않을 것입니다. 누구나 10달러는 구할 수 있을 테니까요. 제가 약속을 지키는 사람이라는 것을 당신이 정말로 믿는다면 1,000달러를 돌려받을 텐데 10달러를 투자하지 않는다는 것은 우스운 일일 것입니다. 설령 당신이 거리의 노숙자일지라도 저에게 10달러를 보낼 방법은 있을 것입니다. 이 말을 이해하지 못할 사람은 없을 것입니다. 예수님께서 성경에서 말씀하신 내용이 바로 그것입니다. "주라 그리하면 너희에게 줄 것이니 곧 후히 되어 누르고 흔들어 넘치도록 하여 너희에게 안겨 주리라"(눅 6:38)

예수님께서는 또한 말씀하시기를 누구든지 집이나 가족을

희생하는 자는 현세에서 희생한 것을 백배나 받고 내세에 영생의 선물도 받게 된다고 하셨습니다(막 10:30). 만일 당신이 자신은 헌금을 하지는 않지만 하나님의 약속을 정말로 믿는다고 생각한다면 당신이 드리는 헌금보다 훨씬 더 많이 돌려주시겠다는 하나님의 말씀은 왜 신뢰하지 못하는 것입니까? 우리가 방금 살펴본 대로 하나님의 약속 가운데 하나는 하나님께서 당신에게 넘치게 돌려주시겠다는 것입니다. 그러므로 당신이 드리지 않는다면 당신은 하나님의 약속을 진정으로 믿는 것이 아닙니다.

우리가 드릴 때 하나님께서 우리를 복주시고 번영케 하신다고 말씀하시는 성경구절을 많이 인용할 수도 있습니다. 그것은 하나님의 말씀 안에 이미 확립된 원리입니다. 하나님을 신뢰하고 믿는다고 하면서도 재정적으로 드리지 않는다면 그것은 자기 자신을 속이는 것입니다. 만일 당신이 하나님께 드리지 않고 있다면 그것은 당신에게 돌려주신다는 하나님의 약속을 모르고 있거나 아니면 그 약속이 사실이라고 실제로는 믿지 않는 것입니다.

재정에 관해 하나님을 신뢰하지 않는 것은 당신과 주님과의 관계 전반에 방해를 가져옵니다. 그것을 이렇게 설명해보겠습니다. 저는 성숙한 그리스도인 중에서 십일조와 헌금을 드리지 않는 사람을 한 번도 본 적이 없습니다. 제가 아는 사람 중에 주님께 전적으로 헌신한 사람들은 모두 재정을 하나님께 맡깁니다. 반면, 재정을 하나님께 맡기지 않고 하나님과의 관계가 마치 요요처럼 오르락내리락하는 사람들도 수도 없이 많습니다. 그들은 재정을 하나님께 맡기는 법을 배우지 못했으며 그들의 삶에는 안정감도 없습니다. 제가 이끌어낸 결론은, 재정을 하나님께 맡기지 못하는 사람들은 성숙하고 안정된 그리스도인들이 아니며 따라서 그들이 이 영역에서 하나님을 신뢰하기 전까지는 안정되지 못할 것이란 사실입니다. 만일 당신이 그 경우라면, 심고 거두는 데는 시간이 필요하다는 것을 유념하십시오. 또한 재정에 관해 하나님을 신뢰하는 법을 배우는 것과 이 영역에서 성숙과 안정으로 들어가는 것은 하나의 과정이라는 것입니다.

　이것은 광신자가 되고 싶은 사람들만을 위한 것이 아닙니다. 그리스도인의 기본입니다. 당신이 하나님께 재정을 맡기기 전까지는 진정으로 성숙할 수 없으며 하나님의 축복 가운데 온전히 행할 수가 없습니다. 우리가 방금 살펴본 대로 당신을 구원하시고 당신에게 영원한 생명을 주시겠다고 약속하신 그 동일한 하나님께서 또한 당신을 재정적으로도 번영케 하시겠다고 약속하셨습니다. 영원한 구원에 대해서는 하나님을 신뢰하면서,

당신 자신을 하나님의 재정을 맡은 청지기로 알고 헌금을 드리는 일에 관해서는 하나님을 신뢰하지 않는다면 그것은 두 마음을 품은 것입니다(약 1:7-8).

형통은 구원의 일부입니다. 예수님께서 가난하게 되신 것은 그분의 가난함을 통하여 우리를 부요케 하려는 것이라고 하나님의 말씀은 말합니다(고후 8:9). 어떤 사람들은 그 구절을 영적으로만 해석하여 정서적인 부요함에 대해 말씀하신 것이라 말하지만 그 구절의 문맥을 보면 재정에 관하여 말하고 있습니다. 네, 맞습니다. 예수님께서 오신 것은 우리를 정서적으로 또 영적으로 부요케 하시려는 것이지만 또한 우리의 물질적 필요를 공급해주기 위한 것이기도 합니다. 예수님께서 가난하게 되셨기에 우리는 부요케 될 수 있는 것입니다.

우리는 마음에 드는 말씀만 골라서 믿을 수는 없습니다. 재정에 대한 성경구절들을 모두 영적으로만 해석하여 돈이 중요하지 않은 것처럼 주장하는 사람들의 말에 귀를 기울이지 마십시오. 돈은 중요합니다. 사실 예수님께서 그 젊은 부자 관원에게 말씀하신 것은 '만일 재정적인 필요에 대해 하나님을 신뢰할 수 없다면 구원에 대해서도 하나님을 신뢰하지 못하리라' 는 말씀이었습니다(눅 18:18-25). 앞에서도 논했지만 그 이야기의 요점은 예수님께서 재정을 사용하여 그의 마음의 진정한 상태를 드러내 보여주신 것입니다. 예수님께서 말씀하시기를 만일 우리가 가장 작은 것에 충성하지 못하면 큰 것에도 충성하지 못하리라고 하신 것을 기억하십시오(눅 16:10). 당신의 재정을 하나님께 맡기는 것이 출발점입니다. 자, 젊은 부자 관원의 이야기를 좀 더 깊이 있게 살펴봅시다.

> 예수께서 길에 나가실새 한 사람이 달려와서 꿇어 앉아 묻자오되 선한 선생님이여 내가 무엇을 하여야 영생을 얻으리이까 예수께서 이르시되 네가 어찌하여 나를 선하다 일컫느냐 하나님 한 분 외에는 선한 이가 없느니라 막 10:17,18

때로 우리는 말씀이 충분한 영향을 미치도록 깊이 생각하면서 성경을 읽지 않습니다. 여기 이 말씀의 상황을 그려보십시오. 그 당시에 예수님은 파격적이고 논란의 대상이었습니다. 서기관과 바리새인들은 누구든지 예수를 메시아로 인정하는 자는 회당에서 출교 당한다는 법을 정해놓았습니다. 그래서 예수님과 교제하는 자들은 핍박을 받았습니다. 하지만 이 젊은 부자 관원은 예수님께 달려와 그 발 앞에 엎드려 말했습니다. "선한 선생님이여 내가 무엇을 하여야 영생을 얻으리이까?"

이 젊은이는 예수님의 발 앞에 꿇어 앉을 만큼 어느 정도 헌신적인 데가 있었습니다. 그는 회당에서 출교 당할 수도 있었고 틀림없이 조롱도 당했을 것입니다. 그가 그런 식으로 예수님을 공개적으로 인정한다는 것은 중대한 사건이었습니다. 당신이 저의 집회에 참석하여 앉아 있는데, 갑자기 누군가가 뛰어올라와 제 발 앞에 꿇어 엎드려 "제가 어떻게 해야 구원을 받습니까?"라고 말하는 것을 한번 상상해보십시오. 대부분의 사람들은 "야, 저 친구, 정말로 신실한 사람이군."하고 생각할 것입니다. 그런데 예수님은 겉으로 보이는 모습이 전부가 아니라는 것을 알아차리셨습니다. 그 청년은 그처럼 공개적으로 행동했지만 실제로는 주님께 마음을 다하여 헌신하지 않았습니다.

사람은 외모를 보지만 주님께서는 속마음을 보십니다(삼상 16:7). 예수님은 육신을 입으신 하나님이시기에 겉모습에 좌우되어 움직이지 않으셨습니다. 그 젊은이의 행동은 훌륭해 보였지만 그의 마음은 잘못되었으며 예수님께서 그것을 아시고 "왜 나를 선하다 일컫느냐?"고 물으셨습니다. 그 당시에 "선생님"이라는 호칭은 오늘날 우리가 '누구, 누구 선생님'이라고 부르는 것처럼 존경어에 지나지 않았습니다. 그렇게 불렀다고 그 젊은이가 예수님께 복종한다는 의미는 아니었습니다.

예수님께서 말씀하신 요점은 이런 뜻이었습니다. "너는 나를 선한 선생님이라고 부르지만 그것을 넘어서야 한다. 너는 나를 주님으로 받아들이고 하나님으로서 영접해야 하기에 나를 하나님이라고 부르든지 아니면 아예 나를 선하다고 하지 말아라!"

예수님의 희생이 그 청년의 죄를 속죄하려면 예수님께서 하나님이셔야만 했습니다. 한 사람의 희생은 한 사람의 생명 이상의 가치를 지니지 않습니다. 그러므로 예수님께서 온 세상의 구주가 되기 위해서는 그분은 단지 한 인간 이상의 존재여야 했습니다. 즉 육신을 입고 나타나신 하나님이셔야만 했습니다 (딤전 3:16). 예수님께서는 자신이 바로 하나님이라고 말씀하고 있었던 것입니다. 예수님은 스스로를 하나님이라 부르셨고 자신을 가리켜 하나님의 아들이라고 하셨습니다. 그분은 또한 우리가 아버지를 공경하는 것과 똑같이 그분을 공경해야 한다고 하셨습니다(요 5:23). 하지만 그 젊은이는 예수님을 하나님으로 공경하지 않았습니다.

오늘날 어떤 사람들은 예수님을 위대한 선지자라고 하면서 그분을 하나님의 아들로 인정하지 않습니다. 또 어떤 사람들은 예수님을 위대한 사랑의 본이라고 하면서 그분이 바로 하나님이라고 전하지는 않습니다. 바로 그것이 그 젊은 부자 관원의 태도입니다. 예수님께서는 그러한 견해와는 반대로 말씀하셨습니다. "내가 곧 길이요 진리요 생명이니 나로 말미암지 않고는 아버지께로 올 자가 없느니라."(요 14:6) 예수님은 하나님의 아들이었든지 아니면 거짓말쟁이였든지 둘 중 하나이며 다른 선택은 없습니다. 오늘날 우리의 선택도 그 젊은 관원이 선택해야 했던 것과 동일합니다. 즉, 예수님을 하나님이라고 하든지 아니면 그분을 선하다고 부르지 말든지!

그 젊은 관원이 결정한 것은 바로 이것입니다. "그가 여짜오되 선생님이여 이것은 내가 어려서부터 다 지켰나이다."(막 10:20) 그 청년은 선생님 앞에 '선한'을 뺐습니다!

그는 예수님을 육신을 입고 나타나신 하나님으로 믿지 않았습니다. 그는 예수님이 그가 원하는 것을 주실 수 있는 분이라고 믿었지만 기꺼이 자신을 낮추어 예수님을 그의 주님으로 인정하려고 하지는 않았습니다. 그래서 예수님이 그 젊은이에게 계명들을 지키라 하셨고 그 젊은이는 그 모든 계명을 어려서부터 다 지켰다고 대담하게 말했습니다(20절). 모든 계명을 다 지킨 사람은 아무도 없습니다(롬 3:23).

행동뿐만이 아니라 마음에 있는 것 또한 중요하다고 신약성경은 말합니다. 만일 당신이 이유 없이 사람에게 화를 냈다면 당신은 살인을 저지른 것입니다(마 5:21-22). 만일 어떤 사람을 탐하거나 그들의 소유를 욕심내었다면 당신은 정욕과 간음과 탐심의 죄를 범한 것입니다(마 5:27-28). 그러므로 그저 당신이 행동으로 계명에 불순종하느냐의 문제만은 아닙니다. 성경에 의하면 당신의 마음에 이런 것들을 탐하기만 해도 당신은 죄를 지은 것입니다.

  이 젊은이는 자기가 모든 계명을 다 지켰다고 생각함으로 스스로를 속이고 있었습니다. 제가 믿기로는 주님께서 그에게 가진 것을 다 팔아 가난한 자들에게 주라고 말씀하신 주된 이유 중 하나는 첫 계명이 "너는 나 외에는 다른 신들을 네게 두지 말라"(출 20:3)이기 때문이라고 생각합니다. 이 사람에게는 재산이 그의 신이었습니다. 이 젊은이는 하나님을 소유하는 것보다는 돈과 그 돈으로 살 수 있는 것을 소유하는 편이 더 낫다고 생각한 것입니다. 그는 돈으로 살 수 있는 것들을 탐했기 때문에 그의 돈을 모두 다 원했습니다. 그러한 탐욕은 마지막 계명인 "탐내지 말라."(출 20:17)를 위반한 것입니다. 예수님께서는 그 사람이 첫 계명과 마지막 계명 및 그 사이에 있는 모든 것도 다 어겼다는 것을 그에게 보여주신 것이라고 저는 생각합니다. 그 사람이 모든 계명을 다 지켰다고 주장한 후에 예수님께서 어떻게 반응하셨는가를 주목해보십시오.

예수께서 그를 보시고 사랑하사 이르시되 네게 아직도 한 가지 부족한 것이 있으니 가서 네게 있는 것을 다 팔아 가난한 자들에게 주라 그리하면 하늘에서 보화가 네게 있으리라 그리고 와서 나를 따르라 하시니 막 10:21

예수님은 그 젊은이를 사랑하셨습니다. 예수님께서는 화가 잔뜩 나서 이런 말씀을 하신 것이 아니었습니다. 그에게 불가능한 것을 시켜 그의 마음을 상하게 하거나 그를 쫓아버리려는 의도가 아니었습니다. 예수님은 이 사람을 사랑하셨고 그를 도와주고 싶으셨습니다. 그 사람의 마음은 돈을 의지하고 있었으며 그래서 예수님이 그의 신뢰를 하나님께로 바꾸어주려고 하셨던 것입니다.

어쩌면 당신이 재정적인 어려움을 겪고 있는데 제가 그 문제를 하나님께 맡기라고 한 것 때문에 저를 남의 기분도 몰라주는 무정한 사람이라 생각하실 수도 있겠습니다. 당신이 재정적으로 힘들어 하고 있다면 당신의 상황이 얼마나 힘든지를 제가 이해하지 못한 것처럼 생각될 수도 있고 혹은 제가 당신의 상황에는 관심이 없는 것처럼 보일 수도 있을 것입니다. 그러나 저는 분명 관심을 갖고 있고 마음을 쓰고 있습니다. 그래서 제가 이 책을 쓴 것입니다. 저는 당신이 가난과 재정적 위기에서 끌어

올려지는데 도움을 주려는 것입니다. 저는 당신의 신뢰를 주님께로 바꾸도록 도와서 자기 자신을 의지함으로 스트레스를 받아 쓰러지는 대신 믿음으로 부요를 받아 누릴 수 있게 하려는 것입니다. 그것은 예수님께서 그 부자에게 동기부여를 해주신 것과 동일한 것입니다.

예수님께서 그가 가진 모든 것을 팔아 가난한 자들에게 주라는 말씀을 듣자 그 젊은이는 고개를 숙이고는 가버렸습니다. 그는 자기가 그렇게 할 수 없다는 것을 마음으로부터 알았습니다. 그 청년이 떠나자 제자들은 예수님께 방금 돈에 대해서 하신 말씀에 대해 여러 가지 질문을 했습니다. 그러자 예수님께서 말씀하셨습니다.

> 예수께서 이르시되 내가 진실로 너희에게 이르노니 나와 복음을 위하여 집이나 형제나 자매나 어머니나 아버지나 자식이나 전토를 버린 자는 현세에 있어 집과 형제와 자매와 어머니와 자식과 전토를 백배나 받되 박해를 겸하여 받고 내세에 영생을 받지 못할 자가 없느니라 막 10:29-30

이 말씀은 제자들이 부자가 떠나가는 것을 보자 그 직후에 예수님께서 말씀하신 것입니다. 바꾸어 말하면, 그 청년이 그가 가진 모든 것을 다 팔아 가난한 자들에게 주었더라면 현세에서 백배를 돌려받았을 것입니다. 예수님은 그 사람에게서 뭘 빼앗으려는 게 아니었습니다. 예수님은 그에게 백 배로 축복해주려고 하신 것입니다. 당신은 청지기이므로 어차피 당신이 가진 돈은 사실 당신의 것이 아닙니다. 당신은 결코 하나님이 당신에게 주시는 것보다 더 많이 하나님께 드리지 못합니다. 당신이 하나님께 드리면 주님께서는 언제나 당신을 축복하시며 하늘에서만이 아니라 여기 이 땅에서도 복을 받게 하실 것입니다.

그 부자가 자기의 소유를 팔아 가난한 자들에게 주기를 거절한 것이 그의 마음의 참된 상태를 나타낸 것이었습니다. 그가 돈을 더 신뢰했던 것이 하나님과의 관계에 장애물이 되었습니다. 돈이 그의 신이었습니다. 마찬가지로 제가 드린 말씀이 당신에게 거슬렸다면 그건 당신의 마음이 이 문제에 걸려있기 때문일지도 모릅니다. 예수님께서 돈을 사용하여 그 부자의 태도를 드러내신 것과 같이 사람들이 재정을 어떻게 다루는지를 보면 그 마음에 무엇이 있는지를 알 수 있습니다.

예수님께서는 그분이 만난 모든 부자들에게 가진 것을 다 팔라고 요구하지는 않으셨습니다. 예수님께서 아주 부유했던 세리인 삭개오의 집에 가셨을 때는 돈 이야기를 아예 꺼내지도 않으셨습니다. 당시 세리들은 사람들로부터 돈을 뜯어내서 많은 부를 쌓았던 사람들이었습니다(눅 19:2-9). 그러나 삭개오는 그의 소유의 절반을 가난한 자들에게 주고 그가 빼앗은 돈에 대해서는 네 배로 갚겠다고 결심했습니다. 예수님께서 그렇게 하라고 요구하지도 않으셨는데 말입니다. 삭개오가 자원해서 그렇게 했습니다. 예수님은 어느 누구에게도 그가 가진 모든 것을 팔라고 요구하지 않으셨습니다. 문제는 돈이 아니기 때문입니다. 당신이 하나님 대신 돈을 의지하느냐 그렇지 않느냐의 문제입니다.

하나님께서 우리에게 돈을 주시는 것은 이 세상에서 활동하는데 그것이 필요하기 때문입니다. 돈이 있어야 우리의 필요를 채우는 물품을 구매합니다. 그러나 우리를 공급해 주는 것은 돈이 아닙니다. 문제는 우리가 하나님을 공급의 원천으로 의지할 것이냐 아니면 두려움으로 인해 돈 그 자체를 의지할 것이냐 입니다. 돈은 단지 교환 수단에 지나지 않습니다. 하나님이 우리의 원천입니다.

많은 그리스도인들이 "나는 주님을 의지합니다."라고 말하지만 그들이 헌금을 어떻게 하는지 보면 그 마음이 실제로 어디에 있는지 알 수 있습니다. 그들은 신실하게 드리는 자입니까, 아니면 얻은 것을 모두 다 쌓아두는 사람입니까? 예수님께서는 그 부자 청년의 마음 상태를 드러내시고자 가진 것을 다 팔라고 하셨던 것입니다. 만일 예수님께서 오늘날 아직도 육신의 몸을 입고 이 땅에 계신다면 우리가 하나님을 의지하는지 아니면 주식이나 연금을 의지하는지 물으실 것입니다. 예수님께서는 우리에게 청지기로서 재정을 관리하고 하나님을 의지하라고 권면하실 것입니다.

하나님은 당신의 삶의 모든 영역에 개입하기 원하십니다. 하나님은 일주일에 한 시간 교회에서 함께하는 것으로 만족하길 원치 않으십니다. 하나님은 그저 어쩌다 한 번 잠깐의 시간을 원치 않으십니다. 하나님은 당신의 전부를 원하시며, 당신 삶의 가장 주된 영역은 생활비를 버느라고 주 40, 50, 60시간을 보내는 곳입니다. 그 영역에서 당신으로 하여금 하나님을 의지하게 하는 하나님의 방법은 당신이 번 돈의 일부를 하나님께 드리라고 요구하는 것입니다. 그리고 하나님은 그것에 대한 대가로 당신을 축복하시겠다고 약속하십니다. 그렇게 하는 것은 재물 얻을 능력이 하나님께로부터 온다는 것을 당신에게 상기시켜 줍니다. 하나님을 당신의 진정한 부요의 원천으로 의지하라고 가르쳐줍니다.

많은 사람들이 두려움 때문에 하나님의 인도하심을 따르지 않으려고 합니다. 특히 돈 버는 일에 대해 그렇습니다. 그러나 당신은 하나님을 믿어야 합니다. 하나님은 당신에게 가장 좋은 것을 주기 원하신다는 것과 당신을 형통케 하시고 돌보신다는 것을 신뢰해야 합니다. 재정은 믿음이 가장 적게 들어가는 영역입니다. 소위 "신앙 좋은 사람들"만을 위한 것이 아닙니다. 신앙이 어린 사람들은 재정을 하나님께 맡기고 신뢰하는 것에서부터 출발해야 합니다. 그 이유 중 하나는 하나님을 당신의 원천으로 믿고 의지하기 전에는 하나님께서 부르신 일에 나설 만한 자신감이 당신에게 없을 것이기 때문입니다.

   때로 우리는 하나님께서 인도하시는 일을 향해 나아가기를 두려워하지만 우리 삶의 축복은 하나님의 부르심을 행할 때 거기에 임합니다. 제 아내 제이미와 제가 우리의 재정을 하나님께 맡기고 의지하려고 나아갔을 때 주님께서는 여러 번 우리를 위해 역사해주셨습니다. 저의 삶 속에 부어졌던 기적적인 하나님의 재정 공급에 대해 다 얘기하자면 시간이 모자랄 것입니다. 하나님께서 초자연적으로 우리를 형통케 하고 우리를 가난에서 끌어올리신 것을 경험하기 시작했을 때 말로 표현할 수 없는 어떤 일이 제 안에 일어났습니다. 제 믿음이 천장을 뚫고 올라간 것입니다. 제 아들이 죽었다가 다시 살아나고 또 헤아릴 수도 없이 많은 기적들을 목도할 수 있었던 것은 재정 분야에서 하나님을 신뢰하는 법을 배웠기 때문이라고 믿습니다. 만일 제가 가장 작은 것을 행할 수 없었더라면 그런 더 큰 일들이 일어나는 것을 경험할 수 없었을 것입니다. 이것은 당신에게도 해당되는 말입니다.

04

감추어진 보물

　세상을 보면 돈에는 능력이 있다는 것을 알 수 있습니다. 돈이 없으면 불가능한 일도 돈이 있으면 가능해지며 그래서 어느 정도 존경을 받게 해주기도 합니다. 예를 들어 어떤 부자가 어떤 곳에 들어오면 그의 재력이 그에게 권위를 부여하는데 반해, 가난한 사람은 그 동일한 장소에서 그와 같은 권위를 갖지 못합니다. 여기에서 위험한 것은 우리가 주의하지 않으면 하나님의 능력을 신뢰하기보다 돈의 능력을 더 신뢰하게 된다는 점입니다. 주님께서는 이러한 유혹을 알고 계셨기에 재정에 대해 많이 말씀하신 것입니다. 예수님은 다음과 같이 말씀하셨습니다.

너희를 위하여 보물을 땅에 쌓아두지 말라 거기는 좀과 동록이 해하며 도둑이 구멍을 뚫고 도둑질하느니라 오직 너희를 위하여 보물을 하늘에 쌓아두라 거기는 좀이나 동록이 해하지 못하며 도둑이 구멍을 뚫지도 못하고 도둑질도 못하느니라 네 보물 있는 그곳에는 네 마음도 있느니라 마 6:19-21

이 구절에서 마지막 말씀이 흥미롭습니다. 당신의 보물이 있는 곳에 당신의 마음이 있다고 말합니다. 그 말인즉슨, 사람의 마음이 어디에 있는지 알려면 그 사람의 돈이 어디 있는지 알아보면 된다는 뜻입니다! 이 말씀은 예수님께서 그 부자 관원에게 모든 소유를 팔라고 하셨을 때 그에게 전달하고자 했던 핵심을 설명해줍니다(막 10:21). 예수님은 이렇게 말씀하신 것입니다. "만일 네가 정말로 돈보다 나를 더 사랑하고 신뢰한다면 너의 보물을 하늘에 두어라." 그 사람이 그렇게 하고 싶지 않았던 이유는 그의 보물이 –그리고 그의 마음도– 땅의 재물에 있었기 때문입니다. 물론 그 청년이 자기의 재물을 내어 놓았다면 주님은 더 많은 재물로 그를 축복하셨을 거라는 사실을 우리는 압니다. 그러므로 하나님께서는 그의 것을 빼앗으려는 것이 아니었습니다. 예수님께서는 그 사람이 하나님을 온전히 신뢰하고 의지할 수 있게 도우려고 하셨습니다.

오늘날 교회는 예수님께서 하신 것처럼 재정에 관한 설교를 하지 않습니다. 강단에서 돈에 대해 가르치는 일이 거의 없으며, 하더라도 어떤 사역이나 또는 어떤 프로그램에 헌금하라는 정도입니다. 재정에 대한 설교는 '가장 작은 것에 충성하지 않으면 더 큰 것에도 충성하지 못할 것'이라는 내용이 주가 되어야 합니다.

부자 청년이 돈을 포기하고 싶지 않아 떠나간 후에 주님께서 다음과 같이 말씀하셨습니다.

> 재물이 있는 자는 하나님의 나라에 들어가기가 심히 어렵도다 하시니 제자들이 그 말씀에 놀라는지라 예수께서 다시 대답하여 이르시되 얘들아 하나님의 나라에 들어가기가 얼마나 어려운지 막 10:23,24

그 말씀을 이렇게 표현할 수도 있을 것입니다. "부자들이 거듭나기가 얼마나 어려운지." 엄청난 말이지요. 그래서 제자들이 놀란 것 아닙니까! 그러자 예수님께서 그 말씀의 의미를 분명히 설명해주셨습니다. "재물을 의지하는 자들에게는 그것이 어렵다는 것이다." 예수님께서 말씀하시는 것은 돈 그 자체가 구원받는 것을 어렵게 한다는 뜻이 아니었습니다. 예수님의 말씀은 많은 돈을 가지면 사람들이 하나님을 믿지 않고 돈을 믿게 될 수 있다는 것이었습니다. 문제는 돈이 아니라 '당신이 무엇을 신뢰하는가?' 입니다.

당신은 돈을 신뢰합니까 아니면 주님을 신뢰합니까? 이것은 모두가 자기 자신에게 물어야 할 질문입니다. 우리는 모두 "아 그야, 물론 주님을 신뢰하지요."라고 말하고 싶어 합니다. 하지만 말을 하는 것 이상이 필요합니다. 야고보 사도가 그의 서신에서 이렇게 말했습니다. "행함이 없는 믿음은 죽은 것이니라."(약 2:26) 그러므로 돈이 어디로 가느냐에 따라 그의 마음이 어디에 있는지 알 수 있는 것입니다. 정말로 주님을 믿고 신뢰하는 사람은 십일조를 드리고 헌금을 함으로써 증명해 보일 것입니다. 다시 말하지만 문제는 돈이 아닙니다. '당신이 무엇을 신뢰하느냐' 하는 것입니다. 무엇이든 당신이 섬기는 그것이 당신의 주인이 됩니다(롬 6:16). 당신이 재정에 신뢰를 두게 되면 당신은 돈의 노예가 됩니다.

당신이 돈을 섬기면 그 돈은 당신을 노예로 만들어버리지만 하나님께서는 그의 종들을 마음껏 축복하시는 분이라는 증거가 성경에 가득합니다. 이삭은 너무나 형통한 나머지 그곳 왕이 그에게 자기 나라에서 떠나달라고 요구할 정도였습니다. 그 나라가 이삭의 재산을 감당할 수 없었기 때문입니다(창 26:16).

또한 야곱은 아브라함이나 이삭보다 훨씬 더 부요했습니다(창 30:43). 다윗은 막내였고 그가 했던 일이란 고작 아버지의 양을 돌보는 일이었지만 결국엔 하나님께서 그를 이스라엘 왕으로 삼으셨습니다(삼상 16:1, 11-13). 다윗이 얼마나 부유했던지 성전을 짓기 위해 하루에 60억 달러의 헌금을 드렸습니다(대상 29:1-5). 그리고 그의 아들 솔로몬은 훨씬 더 부요했습니다(왕상 1:37).

주님께서는 우리가 돈을 얼마나 의지하고 있는지 알고 계십니다. 그분은 우리가 재정에 대해 얼마나 두려워하는지도 알고 계십니다. 사람들은 돈이 힘을 가져다 준다는 것을 압니다. 돈은 그들에게 밥상을 차릴 수 있게 해주고 매달 나가야 하는 돈도 지불하게 해줍니다. 그래서 돈을 누군가에게 준다는 것은 곧 힘을 잃는 것이라고 생각합니다. 그들은 돈을 주면 삶에서 그들의 영향력을 잃게 된다고 생각합니다. 그러나 하나님께서는 우리의 체질을 아십니다(시 103:14). 우리가 재정의 영역에서 쉽게 두려워한다는 것을 아십니다. 그렇기 때문에 하나님께서는 우리가 그분을 믿고 신뢰할 때 우리를 형통케 해주시겠다는 약속을 수도 없이 많이 해주신 것입니다.

믿음이 가장 적게 필요한 것이 재정이라는 것을 깨닫고 일단 발걸음을 내딛어 하나님을 신뢰하면 당신은 하나님의 초자연적인 공급을 경험하게 될 것입니다. 그러면 믿음이 자라나서 더 크고 더 좋은 것들에 대해서도 하나님을 믿을 수 있게 될 것입니다. 반대로 재정에 대해 하나님을 신뢰하는 것을 배우지 못한다면 계속해서 하나님에 대한 신뢰를 갖지 못할 것입니다. 그러다가 어느 시점에 힘든 상황에 처할 때 기적을 바라고 하나님의 약속을 의지해 보려 해도 마음속에 남아 있는 불신으로 인해 아무런 역사가 일어나지 않을 것입니다. 당신의 마음이 당신을 정죄하면서 이렇게 말할지 모릅니다. "너는 '주라 그리하면 너희에게 줄 것이니'와 같은 하나님의 약속을 결코 믿지 않았어. 그러니 어떻게 치유에 대한 말씀을 믿고 신뢰할 수 있겠니?"

하나님께서 당신을 정죄하신다는 말이 아님을 유의하십시오. 정죄는 하나님으로부터 오지 않습니다. 하나님은 당신의 공로나 그 동안 드린 헌금에 근거해서 기적을 나타내시는 분이 아닙니다. 그러나 만일 당신이 스스로를 정죄하여 하나님께서 정말로 당신에게 선을 베푸실 뜻이 있을까 의심한다면 하나님을 믿기가 매우 어려울 것입니다. 여기서 믿음이란 하나님께로부터 받는 것을 말합니다. 돈에 따르는 위험은 당신이 하나님보다 돈을 더 신뢰하게 될 수 있다는 것입니다. 그러다가 돈이 해결해줄 수 없는 문제를 만나게 되면 세상이 무너지는 것 같은 느낌이 들 것입니다. 하나님은 당신을 도우려고 여전히 가까이 계실 테지만 당신은 그 상황에서 구원하실 하나님의 능력을 믿고 신뢰하는 법을 배우지 못했을 것입니다. 헌금을 드리는 것이 중요한 이유가 바로 이것입니다. 하나님을 신뢰하는 법을 배우는 것은 당신의 재정에서부터 출발하기 때문입니다.

신뢰는 다른 말로 하면 의지하는 것을 말합니다. 어떤 것을 신뢰한다는 것은 그것에 의지한다는 것입니다. 센츄리 사전 Century Dictionary은 의지reliance를 '지원에 대해 확신하고 안심하는 것'으로 정의합니다. 즉 하나님의 약속을 완전히 의지하는 것입니다. 그것이 신뢰trust라는 말의 뜻입니다. 당신은 무엇을 의지합니까? 돈을 의지합니까 아니면 하나님을 의지합니까? '나는 드리고 싶어. 하지만 그럴 수가 없어. 이 돈이 필요하거든.'이라고 생각한다면 그것은 바로 재물을 신뢰한다는 뜻입니다.

재물을 신뢰하면 하나님의 나라에 들어가기가 어렵다고 하신 후에 예수님께서는 계속해서 다음과 같이 말씀하셨습니다.

> 낙타가 바늘귀로 나가는 것이 부자가 하나님의 나라에 들어가는 것보다 쉬우니라 하시니 제자들이 매우 놀라 서로 말하되 그런즉 누가 구원을 얻을 수 있는가 하니 막 10:25,26

제자들은 바로 전에 하신 말씀에도 충격을 받았지만 이 말씀은 그보다 더했습니다. 이제 그들은 아무도 구원을 받을 수 없으리라고 생각하게 되었습니다! 예수님의 말씀은 재물을 의지하는 사람이 구원받는 것보다 낙타가 바늘귀로 들어가는 것이 더 쉽다는 것이었습니다. 우리의 재정을 하나님께 넘겨드리고 그분을 우리의 원천으로 신뢰하는 것의 중요성을 강조하신 것입니다. 하지만 오늘날 많은 사람들은 우리의 재정을 하나님께 맡겨야 한다고 강조하신 예수님의 말씀을 달갑게 여기지 않습니다.

여기 예수님이 하고자 했던 말씀을 재해석하려는 이야기가 나돌고 있습니다. 그 얘기를 당신도 들었을지 모르겠습니다. 이런 이야기입니다. 예루살렘 성으로 들어가는 큰 문들은 밤에 모두 닫히고 유일하게 열려 있는 작은 구멍이 하나 있는데, 그 작은 문을 일컬어 바늘귀라 하고 낙타를 그곳에 통과시키기 위해서는 짐을 벗기고 무릎을 꿇려 기어서 통과시켜야 했다는 것입니다. 바꾸어 말하면 "바늘귀"로 낙타를 통과시키는 것은 힘든 일이긴 했지만 그렇다고 불가능한 것은 아니었다는 것이지요. 그럴듯한 이야기지만 사실 그런 문은 존재하지 않습니다.

그것에 대한 재미있는 경험이 있습니다. 제가 이스라엘에 갔을 때 가이드에게 "바늘귀 문"을 보여 달라고 요청했습니다.

그러자 가이드는 거긴 너무 멀리 떨어져 있어서 갈 시간이 없다고 했습니다. 저는 계속 끈질기게 요구했고 그는 계속 저를 떨쳐내려고 했습니다. 마침내 제가 그에게 물었습니다. "정말로 바늘귀라는 문이 있는 것은 맞습니까?"

"없습니다. 그런 문은 존재하지 않습니다." 왜 처음부터 그렇게 말하지 않았느냐고 하자 그가 말하기를 이스라엘의 관광 가이드들은 관광객들이 멋진 경험을 하고 돌아가도록 훈련 받지 진실을 말하도록 훈련받지는 않는다는 것입니다.

그 가이드 말이 한번은 어떤 팀이 모세의 이야기에 나오는 불타는 떨기나무를 보게 해달라고 끈질기게 요청했다고 합니다(출 3:1-3). 그는 그 전 주에 한 주유소 뒤에서 떨기나무에 불이 붙은 것을 기억하고는 버스 운전기사에게 그 주유소에서 멈추라고 했답니다. 그러고는 관광객들에게 주유소 뒤의 검게 탄 나무가 바로 모세의 불타는 떨기나무라고 말했다는 것입니다! 그의 말이 관광객들은 줄을 서서 그 나무 옆에서 사진을 찍었다고 했습니다. 그들은 실제로 그 나무가 수천 년 전 모세 앞에서 불탔던 바로 그 떨기나무라고 믿었습니다. 모세가 돌이켜 가서 그 떨기나무가 어떻게 되었는지 알아보려고 한 이유는 그 나무가 불에 타지 않고 있었기 때문이라는 사실은 모르고 말입니다.

바늘귀가 문이 아니었던 사실이나 주유소 뒤의 검게 탄 나무가 모세의 떨기나무가 아닌 것이나 매한가지입니다. 예수님께서는 말 그대로 바늘귀를 말씀하신 것입니다. 예수님의 말씀은 재물을 의지하는 자들이 하나님의 나라에 들어가기가 '어렵다'는 것이 아니라 아예 불가능하다는 것입니다. 그렇기 때문에 제자들이 충격을 받고 '그렇다면 누가 구원을 받을 수 있겠는가' 하고 의아하게 여긴 것입니다. 예수님은 그것이 불가능하다고 명확히 말씀하셨습니다. "예수께서 그들을 보시며 이르시되 사람으로는 할 수 없으되 하나님으로는 그렇지 아니하니 하나님으로서는 다 하실 수 있느니라."(막 10:27)

여기서 요점은 당신의 재정을 하나님께 믿고 맡기는 문제를 비켜갈 수가 없다는 것입니다. 이것이 출발점입니다. 당신의 재정을 하나님께 믿고 맡기는 것은 지금까지 살펴본 바와 같이 당신의 믿음이 가장 적게 들어가는 영역입니다. 그러므로 만일 당신이 가장 작은 것에 충성하지 않으면 더 큰 것에는 당연히 충성하지 못할 것입니다. 제 삶을 돌아볼 때 만일 저의 재정을 하나님께 믿고 맡기는 일부터 출발하지 않았더라면 지금 제가 하고 있는 일들을 할 수 없을 것입니다.

하나님께서는 모든 그리스도인들에게 계획을 가지고 계십니다. 그리고 우리를 향한 하나님의 계획은 우리 자신의 꿈보다 더 큽니다(렘 29:11, 고전 2:9). 어떤 사람을 향한 하나님의 계획보다 더 크게 살았던 사람은 없었다고 저는 생각합니다. 하나님께서는 위대한 일들을 행하실 것이고 당신은 그분을 의지해야 합니다. 그 방향으로 가는 첫걸음은 하나님의 자원을 맡은 충성스런 청지기가 되는 것입니다. 일단 눈에 보이는 것인 돈에 대해 하나님을 신뢰한다면 눈에 보이지 않는 것들에 대해서도 하나님을 신뢰할 수 있을 것입니다. 즉 건강, 평안, 기쁨, 부요 및 당신의 삶에 필요한 하나님의 호의 등에서 말입니다.

불의한 청지기의 비유를 몇 차례 언급했으니 이제는 예수님께서 가르치신 것을 좀 더 세밀히 살펴보려고 합니다. 이 비유는 예수님의 가르침들 중에서 가장 이해하기 어려운 것 중 하나입니다. 주님께서 여기서 말씀하시는 것을 해석할 수 있으려면 먼저 형통에 대한 계시가 상당히 열려 있어야 합니다. 이 비유의 이해 여부에 따라 당신이 돈을 바라보고 사용하는 방법에 커다란 차이를 갖게 되기 때문입니다. 이 비유는 이렇게 시작합니다.

[예수께서] 또한 제자들에게 이르시되 어떤 부자에게 청지기가 있는데 그가 주인의 소유를 낭비한다는 말이 그 주인에게 들린지라 주인이 그를 불러 이르되 내가 네게 대하여 들은 이 말이 어찌 됨이냐 네가 보던 일을 셈하라 청지기의 직무를 계속하지 못하리라 하니 눅 16:1,2

이 비유는 자기의 돈을 관리하는 사람을 둔 어떤 부자에 대한 이야기입니다. 이 부자는 그 청지기가 주인의 돈을 도둑질하거나 아니면 그의 자금 관리를 잘못하고 있다고 생각했습니다. 그래서 청지기에게 그의 장부를 정리하라고 했습니다. "청지기가 속으로 이르되 주인이 내 직분을 빼앗으니 내가 무엇을 할까 땅을 파자니 힘이 없고 빌어 먹자니 부끄럽구나."(눅 16:3)

그 청지기의 반응에서 그가 잘못했다는 것을 알 수 있습니다. 그는 자신의 결백함을 증명하거나 자신을 변호하려고 하지 않았으니까요. 주인이 장부를 조사하게 되면 해고되리라는 것을 그는 알고 있습니다. 잘못을 인정한 것이지요. 그리고 그 청지기가 말합니다. "내가 무엇을 할까? 땅을 파자니 힘이 없구나." 그가 땅을 팔 수 없다는 말은 아마 사실이 아닐 것입니다. 땅을 파고 싶지 않다는 게 더 정확한 말일지도 모릅니다.

이것을 보면 한 가지를 알 수 있습니다. 재정 문제를 가진 사람들이 다 게으른 것은 아니지만 대체로 보면 게으른 사람들에게 재정 문제가 발생한다는 것입니다. 그들은 급한 해결책을 찾습니다. 복권 같은 것에 당첨되기를 기대합니다. 그것은 하나님의 경제 시스템이 아닙니다. 복권에 당첨돼서 부요해지기를 기대한다면 재정에 대한 태도 자체가 잘못된 것입니다. 복권 자체가 꼭 죄가 되는 것은 아니지만 하나의 타협이라고 할 수 있습니다. 급하게 부자가 되기를 기대하는 것은 결코 하나님께서 형통케 하시는 방법이 아닙니다. 설령 당신이 그런 가능성에 도전하여 대박을 터뜨린다 하더라도 허영심을 통해 얻어진 부는 오래가지 못한다고 성경은 말합니다(잠 13:11). 형통이란 무슨 방법을 써서라도 돈을 버는 것이 아닙니다. 돈을 버는 데에도 바른 방법이 있고 잘못된 방법이 있습니다.

저는 그 청지기가 마음만 먹었다면 일자리를 얻을 수 있었을 것이라 생각합니다. 그러나 그는 그렇게 생각하지 않았습니다. 그는 일을 해서 돈을 벌려고 하지 않았습니다. 돈을 훔치거나 상속 받거나 아무튼 노력 없이 돈을 벌고 싶었습니다. 하나님께서 그가 하는 일을 축복하실 것을 믿지 않고 항상 뭔가 어떤 계략을 찾고 있었습니다. 일거리를 찾고 싶지 않다고 결론을 내린 후에 "빌어먹자니 부끄럽구나."라고 합니다. 그가 훔치는 것을 부끄러워하지 않았다니 정말 안됐습니다. 직장을 얻을 수도 있는데 말이죠! 일하는 것과 빌어먹는 것을 배제시킨 후에 그 청지기는 그가 좋아하는 한 계략을 생각해 냈습니다.

내가 할 일을 알았도다 이렇게 하면 직분을 빼앗긴 후에 사람들이 나를 자기 집으로 영접하리라 하고 주인에게 빚진 자를 일일이 불러다가 먼저 온 자에게 이르되 네가 내 주인에게 얼마나 빚졌느냐 말하되 기름 백 말이니이다 이르되 여기 네 증서를 가지고 빨리 앉아 오십이라 쓰라 하라 또 다른 이에게 이르되 너는 얼마나 빚졌느냐 이르되 밀 백 석 이니이다 이르되 여기 네 증서를 가지고 팔십이라 쓰라 하였 는지라 눅 16:4-7

이 비유에는 빚진 자들이 단 두 사람 나오지만 그것은 예시에 불과하다고 생각합니다. 단 두 사람만 돈을 빌렸다면 부자에게는 재정 관리를 맡길 청지기가 필요하지 않았을 테니까요. 그래서 그에게 빚진 사람들이 이보다는 더 많았다고 저는 확신합니다. 이들 사례에서 보듯이 그 청지기는 그의 주인에게 빚진 자들을 모두 불러들여서 그들의 빚을 많이 감해주었습니다. 그는 모두의 빚을 줄여주었습니다. 너무 게을러서 일할 수 없었고 너무 교만하여 빌어먹을 수 없었기에 계속 돈을 훔쳤던 것입니다. 돈을 자기 주머니에 넣지는 않았지만 주인의 돈을 빌린 사람들의 주머니에 넣어준 것입니다.

기름 백 말의 값이 얼마나 나갔는지 모르지만 많은 금액임에는 틀림없을 것입니다. 오늘날로 치면 수만 달러에 해당하는 액수를 감해주었을 것입니다. 그는 주인에게 빚진 자들에게 모두 그렇게 해주었습니다. 그 말은 그 청지기의 감면으로 수천 달러씩 절약하게 된 사람들이 수십 명 내지는 수백 명이 있었다는 뜻입니다. 이렇게 하면 그 청지기가 실직했을 때 그 빚진 자들을 찾아가서 이렇게 말할 수 있다는 뜻입니다. "이봐요, 내가 수천 달러를 절약하게 해준 것을 기억하시죠? 제가 지금 실직을 당했으니 저 좀 도와주시죠." 그 사람들은 모두 그에게 은혜 입은 것을 생각하거나 그의 실직에 책임감을 느끼게 될 것이고 그는 직장을 얻는 대신 그들에게서 "얻어먹을" 수 있을 것입니다.

여기까지는 이 비유를 이해하기가 어렵지 않습니다. 주인의 돈을 올바르게 사용하지 않아 해고를 당하게 된 사람에 대한 이야기인 것이죠. 그가 실제로 도둑질을 했는지 아니면 단순히 나쁜 청지기였는지 우리는 알 길이 없지만 어느 쪽이든 간에 그는 해고를 당할 것입니다. 그래서 그는 어쩔 수 없이 주인의 돈을 사용하여 다른 사람들에게 뇌물을 쓴 것입니다. 그는 사람들에게 영향을 미쳐서 호의를 사려고 주인의 돈을 사용했습니다. 사람들이 고용주의 돈을 횡령하는 일도 많으니 여기까지 읽은 내용에는 별로 특별한 것이 없습니다. 이 이야기에 좀 이상한 것이 있다면 그것은 바로 주인의 반응입니다. "주인이 이 옳지 않은 청지기가 일을 지혜 있게 하였으므로 칭찬하였으니 이 세대의 아들들이 자기 시대에 있어서는 빛의 아들들보다 더 지혜로움이니라."(눅 16:8)

이런 청지기의 행동에 대한 주인의 의견을 통해 돈에 대한 주인의 태도를 알 수 있습니다. 생각해 보십시오. 누군가가 당신의 돈을 훔쳐간 것을 알고서 그 사람을 칭찬한다는 게 말이 됩니까? 당신이 어느 날 밤 집에 와서 보니 도둑이 들어와서 당신의 귀중품으로 가득 채워 넣은 베개에 손대려고 한다면, 당신은 그에게 "와, 정말 잘하고 계십니다!" 라고 하겠습니까? 도둑이 보안장치를 뚫고 들어와 나의 가장 귀중한 물건에 손을 대는데 그를 칭찬하겠냔 말입니다.

도둑질이 발각된 후에 주인은 생각지도 못한 반응을 합니다. 화를 내거나 처벌에 붙이지 않았습니다. 반대로 그 청지기를 칭찬합니다. 그 주인이 엄청난 부자였기 때문에 돈을 얼마 훔쳐간다 하더라도 상관하지 않았다고 생각하는 사람들도 있겠지만 저는 그럴 리가 없다고 생각합니다. 만일 그가 돈에 관심을 두지 않았다면 그 청지기에게 우선 먼저 셈을 하라고 명하지도 않았을 것입니다. 제 생각에는 이 주인은 돈을 볼 때 어떤 도구에 불과한 것으로 이해했던 것 같습니다. 돈은 우리가 소중하게 생각해야 할 존재가 아니라는 말입니다. 하나님의 축복과 호의가 우리를 부요하게 하는 것이지 돈이 우리를 부요하게 하는 것이 아니라는 말씀입니다.

그 주인은 형통에 있어서 돈 자체가 중요하지 않다는 것을 알고 있었다고 저는 믿습니다. 대부분의 사람들이 저축해 놓은 돈과 앞으로 받을 연금으로 자신의 가치를 판단하지만 그런 것들은 하나님의 호의가 눈에 보이는 형태로 나타난 것에 불과합니다. 부wealth란 하나님이 주신 호의의 열매입니다. 주님께서 아브라함에게 말씀하셨습니다. "내가 네게 복을 주어 네 이름을 창대하게 하리니 너는 복이 될지라."(창 12:2) 아브라함을 부요케 한 것은 그의 삶에 선포된 하나님의 호의였습니다. 사막에서 소와 양을 치던 그를 부자로 만들어 준 것은 바로 하나님의 호의였습니다. 예수님의 비유에서도 마찬가지입니다. 그 주인은 자신이 가진 진정한 부는 하나님의 호의이지 그 청지기가 훔쳐가는 돈이 아니라는 계시를 분명히 받은 사람이었습니다.

이것은 바로 제가 말씀드린 첫 번째 요점, 즉 청지기로서 우리가 가진 모든 것은 하나님께로부터 온다는 것을 인정해야 한다는 것과 같은 이치입니다. 하나님께서는 우리에게 여러 가지 자원들을 주십니다. 그러나 그 자원들이 우리의 진짜 재물은 아닙니다. 아이들의 동화에 나오는 황금 알을 낳는 거위 이야기 아시지요? 황금 알이 그것을 생산하는 거위만큼 귀하진 않습니다! 거위는 매일 황금 알을 낳습니다. 그래서 당신에게 거위가 있으면 거기서 나오는 황금 알을 모두 얻습니다. 마찬가지로 돈은 당신의 진정한 자산이 아닙니다. 진정한 보물은 부와 재물을 생산하는 하나님의 축복과 호의입니다.

오늘날 많은 사람들이 황금 알을 모으는 일에 집중하는 나머지 그것을 낳는 원인이 되는 힘을 완전히 간과하고 있습니다. 거위를 소유한 사람이 알을 구하러 돌아다니는 사람보다 훨씬 더 많은 황금을 얻게 될 것입니다. 마찬가지로 당신이 하나님을 형통의 원천으로서 안다면 부를 쫓아다니는 것이 얼마나 부질없는 일인가를 알게 됩니다. 이것이 바로 재물 얻을 능력이 하나님께로부터 온다고 성경이 우리에게 가르쳐 주는 이유입니다.

> 네 하나님 여호와를 기억하라 그가 네게 재물 얻을 능력을 주셨음이라 이같이 하심은 네 조상들에게 맹세하신 언약을 오늘과 같이 이루려 하심이니라 신 8:18

우리 형통의 원천은 하나님이시지만 성경은 하나님께서 우리에게 부를 주신다고 말씀하지 않으신 것을 주목하십시오. 하나님으로부터 돈이 날아오는 것은 아닙니다. 하나님께서 우리에게 주신 것은 재물을 얻을 능력입니다. 하나님은 당신이 하는 일에 기름부음을 주셔서 그 일이 잘되고 형통하게 하십니다. 하나님의 축복은 너무도 강력하기 때문에 돌이켜질 수가 없습니다. 발람은 이방 왕에게 매수된 파렴치한 선지자로, 이스라엘 자손들을 저주하려고 했지만 이렇게 말했습니다. "내가 축복할 것을 받았으니 그[하나님]가 주신 복을 내가 돌이키지 않으리라."(민 23:20)

일단 하나님의 호의가 우리의 삶에 임하면 그것을 멈추게 할 것은 없습니다! 하나님의 축복을 무산시킬 수 있는 유일한 것이 있다면 그것은 우리 자신의 불신앙과 부정적인 사고방식뿐입니다. 우리가 믿는 한, 하나님의 축복은 계속 임할 것입니다. 당신의 삶에 임한 하나님의 호의의 참된 가치를 이해하면 누가복음 16장의 부자 주인이 청지기에게 가졌던 바로 그 태도를 갖게 될 것입니다. 당신이 소유한 것들을 보고 "저것은 한낱 물건일 뿐이야!"라고 말할 수 있습니다. 돈은 그저 하나님의 부르심을 완수할 수 있게 해 주는 도구일 뿐 그것이 형통 자체는 아닙니다.

재물은 도둑을 맞을 수 있고 재산은 **빼앗길** 수 있지만 당신에게 임한 하나님의 호의는 아무도 앗아갈 수 없습니다. 그 부자 주인은 그의 참된 보물이 어디에 있는지 알고 있었기에 청지기에게 화내지 않았습니다. 그는 돈을 궁극적 가치로 여기지 않았습니다. 일단 그와 같은 사고방식을 갖게 되면 당신의 돈을 훔치는 도둑을 잡았을 때 두려워하거나 겁을 먹지 않을 수 있습니다.

감추어진 보물

당신의 삶이 물질에 얽매이지 않는 단계에 이를 수 있습니다. 하나님과의 관계가 안정되어 있고 당신의 삶에 임한 하나님의 호의를 확신할 수 있으면 상대가 도둑일지라도 그에 관해 칭찬할 거리를 찾게 됩니다.

당신이 쌓아두는 부는 중요하지 않습니다. 당신의 삶의 초점은 하나님과의 관계여야 하며 바로 그 관계가 재물을 쌓이게 하는 원인입니다. 돈은 그렇게 중요하지 않습니다. 그에 반해 당신의 삶에 임한 하나님의 호의는 값으로 따질 수 없을 만큼 귀중합니다.

저의 가까운 친구 밥 니콜스Bob Nichols는 텍사스 주의 포트워스에서 갈보리교회Calvary Cathedral를 담임하고 있습니다. 2000년 4월에 태풍이 그 지역을 덮쳐 그의 교회를 초토화시켰습니다. 예배당 건물 내부의 물품을 제외하고도 1,800만 달러의 시설이 60초도 안 되어 완전히 흔적도 없이 사라졌습니다. 폭풍이 덮친 지 한 시간도 안 되어 CNN방송이 건물 잔해 앞에서 밥 목사님을 인터뷰했습니다. 그는 이렇게 말했습니다. "하나님께서 이렇게 하신 것이 아닙니다. 이것은 마귀의 공격일 뿐입니다." 그는 이어 하나님께서 합력하여 선을 이루실 것이며 교회는 파괴된 건물보다 두 배나 멋진 건물을 짓게 될 것이라고 말했습니다.

밥 목사님은 그 부자 주인과 동일한 태도를 보인 것입니다. 그는 자신의 물질적 자산이 모두 파괴된 것을 목도했지만 그것이 그의 믿음을 흔들지 못했습니다. 그의 믿음은 물질적 자산에 있지 않았기 때문입니다. 그 모든 것들을 갖게 한 것은 하나님의 축복이며 그는 계속적으로 하나님의 호의 가운데 있다는 것을 알고 있었습니다. 태풍이 그의 재산을 휩쓸어갔지만 하나님의 축복은 여전히 그의 삶에 임해 있었습니다. 결국 밥 목사님은 태풍으로 파괴된 건물보다 두 배로 멋진 건물을 갖게 되었습니다. 그는 주님께 확신을 두었으며 주님께서는 그가 잃어버린 모든 것을 회복시켜주셨고 그 위에 또 더하여주셨습니다.

바로 이것이 그 부자 주인의 사고방식이었습니다. 자기 직원이 수백 만 달러를 도둑질한 것을 알았지만 그것으로 인해 조금도 당황하지 않았습니다. 미국 금융시장의 중심지인 월가에서 일하는 사람들은 수백 만 달러를 잃게 되면 창문에서 뛰어내립니다. 그들의 모든 의지와 신뢰를 돈에 두고 있기 때문입니다. 재정적 위기가 닥칠 때 많은 사람들이 안절부절못합니다. 그러나 그 부자 주인과 같이 당신의 신뢰를 주님께 두면 흔들리지 않을 것입니다.

이러한 확신은 자신의 삶을 물질적인 것들에 기반을 두지 않고 오직 하나님만을 의지할 때 가질 수 있습니다. 돈으로 할 수 있는 것들을 신뢰하면 통장 잔고를 의지하게 됩니다. 그러니 당신의 은행 잔고가 내려갈 때 겁을 먹고 불안을 느끼게 되는 것입니다. 그러나 하나님이 당신의 원천임을 알게 될 때 당신은 물질에 매달리지 않을 것입니다. 이런 사고방식을 가져야 밤에 잠을 잘 잘 수가 있습니다!

물질이나 사람을 의지하지 않고 하나님을 의지하는 법을 배우면 당신의 삶은 완전히 변화될 것입니다. 당신은 돈에 묶이지 않고, 즉 돈의 종이 되지 않고 자신의 인생을 살 수 있습니다. 돈은 아무것도 아닙니다! 진정한 재산은 당신에게 임한 하나님의 축복과 호의입니다.

불의한 청지기 비유에서 우리가 알아야 할 또 다른 중요한 부분은 왜 그 청지기의 주인이 그를 언급했는가 하는 점입니다. 돈을 훔쳐서 다른 사람들에게 주는 것이 칭찬할 일은 아니라고 생각할 것입니다. 하지만 예수님은 그 주인이 청지기의 도둑질을 칭찬했다고 말씀하십니다. 그 부자 주인이 청지기를 칭찬한 이유는 이것입니다. 돈의 진정한 능력이란 그것을 사용하여 미래에 영향을 주는 것임을 그 청지기가 마침내 깨달았기 때문입니다. 그 청지기는 훔친 돈을 자기가 갖지 않고 뇌물로 사용하여 자신의 미래를 준비했습니다.

그가 전에는 물건 사는 일에 돈을 펑펑 썼으리라는 것을 쉽게 알 수 있습니다. 최고급 자동차, 상어 알, 평면 TV, 명품 옷, 보석 등 고가품들을 샀을 것입니다. 그가 돈을 모으지 않았다는 게 분명합니다. 땅을 파거나 빌어먹을 처지라고 생각한 것을 봐서 그렇습니다(눅 16:3).

주인은 청지기가 도둑질한 것을 칭찬한 것이 아닙니다. 청지기가 돈이 하나의 도구라는 것을 마침내 이해했기에 칭찬한 것입니다. 당신이 사는 나라 또는 은행에 얼마의 돈이 있는지는 중요하지 않습니다. 사람들은 대부분 순간적인 것들에 돈을 쓰는 큰 실수를 범합니다. 그들은 지금 당장 보잘것없는 기쁨을 주는 것들에 돈을 사용하므로 자신들의 미래를 만들어 갈 돈의 능력에는 무지한 것입니다.

어떤 점에서는 불신자들이 그리스도인들보다 자산 관리에 있어서 더 좋은 청지기라 할 수 있습니다. 반드시 그렇다는 말은 아니지만 그런 경우가 많습니다. 예수님께서 "이 세대의 아들들이 자기 시대에 있어서는 빛의 아들들보다 더 지혜로움이니라."(눅 16:8)고 하셨을 때 바로 이 점을 확인시켜 주신 것이라고 저는 생각합니다. 그 이유 중 하나는 그리스도인들의 경우는 이생이 전부가 아니라는 것을 알기 때문입니다. 불신자들은 죽으면 끝이라고 믿으며 자신들을 위해 은퇴계획을 세우는 반면 그리스도인들은 더 길게 생각합니다.

대부분의 그리스도인들에게는 불신자들이 가진 죽음에 대한 공포가 없기에 이생을 넘어 영원을 바라봅니다. 그래서 많은 그리스도인들이 노후를 준비한다거나 자녀들에게 남겨줄 유산을 모으지 않습니다. 그런데 돈은 이 땅에서 당신의 미래를 만들어 갈 능력을 줄 뿐만 아니라 또한 영원에도 영향을 미칩니다. 예수님께서 불의한 청지기를 칭찬한 부자 주인에 대해 가르치신 후 이렇게 말씀하셨습니다.

> 내가 너희에게 말하노니 불의의 재물로 친구를 사귀라 그리하면 그 재물이 없어질 때에 그들이 너희를 영주할 처소로 영접하리라 눅 16:9

여기서 "없어지다"로 번역된 헬라어는 "죽음" 혹은 "죽다"라는 뜻도 됩니다. 이 구절은 우리가 죽어서 영원한 집으로 들어갈 때 그곳에서 우리를 맞아 줄 친구를 사귀기 위해 돈("불의의 재물")을 사용하라고 말합니다. 이렇듯 당신은 주는 일을 통하여 사람들의 삶에 많은 영향을 끼칠 수 있으며 당신의 재물로 인해 도움을 받아 그곳에 온 사람들은 당신에게 감사하기 위해 하늘에서 줄을 서게 될 것입니다. 당신은 사람들에게 직접 주는 일을 통해 영향을 미칠 수도 있고 구원과 치유 그리고 속박에서 자유케 하는 복음을 전하는 사역에 헌금함으로 그렇게 할 수도 있습니다.

  돈은 일시적인 것에 불과합니다. 하늘나라에는 돈이 존재하지 않으므로 당신이 죽을 때 돈을 가져갈 수 없습니다. 그래서 이삿짐을 싣고 가는 영구차를 본 적이 없는 것입니다. 현금, 금, 다이아몬드, 은 등은 모두 일시적인 것들입니다. 언젠가 그것들은 모두 불에 타 없어질 것입니다(벧후 3:10). 그러나 다른 사람의 삶에 돈을 투자함으로써 멸망하게 될 것을 취하여 영원한 것으로 바꿀 수가 있습니다. 복음에 투자함으로 또 돈을 사용하여 다른 사람들의 삶에 영향을 미침으로써 그 돈을 결코 없어지지 않을 것으로 바꿀 수가 있습니다.

  돈을 가장 잘 사용하는 방법은 장차 없어질 일시적인 것들에 쓰는 것이 아니라는 점을 우리에게 알려주는 것이 이 비유의 목적입니다. 부요의 증거는 얼마나 큰 집을 가졌느냐, 또는 얼마나 좋은 차를 가졌느냐가 아닙니다. 최신상품이 있느냐, 또는 얼마나 비싼 옷을 입느냐의 문제도 아닙니다. 당신의 돈을 가장 잘 사용하는 방법은 그 돈으로 다른 사람들의 삶에 영향을 주는 것입니다.

  당신이 돈을 써서 구입한 모든 물질적인 것들은 어느 날 다 없어질 것들입니다. 당신이 이 세상에서 얼마나 많이 가졌느

나는 중요하지 않습니다. 많은 재물로 지금 크게 존경 받는 사람들 중에 다른 사람들의 삶을 변화시키기 위해 돈을 사용한 사람이 얼마나 될까요? 그들의 도움으로 삶이 변하여 그들에게 감사하려고 하늘에서 기다리고 있을 사람이 한 명도 없을 수 있지 않겠습니까? 돈을 의지하며 살아온 수많은 사람들이 그 돈을 하늘나라로 가져가지 못할 뿐만 아니라 그리스도인들 중에서도 하늘나라에서 어떤 보물도 기다리고 있지 않을 사람들이 있을 것이라고 저는 생각합니다. 우리가 행위로 구원받은 것이 아니기 때문에 그들은 여전히 축복을 받으며 하나님의 사랑에 감격하겠지만 복음 전파와 다른 사람의 삶을 변화시키는 일에 한 번도 자신의 돈을 사용한 적은 없기에 하늘나라에서 그들을 환영하려고 기다리는 사람이 한 명도 없을 것입니다.

한편 이 세상에서 크게 존경 받지 못했지만 하늘나라에서는 수천 명의 사람들이 환영하기 위해 줄 지어 기다리는 사람들도 있습니다. 그들이 지금은 자기 동네에서 가장 좋은 집에 살지는 않을 수 있지만 다른 사람들을 축복하기 위해 그들의 물질을 사용했을 것이며 그들의 드림과 헌금이 영원한 보물로 바뀌어졌을 것입니다. 하늘나라에 가서 당신을 환영하려고 사람들이 줄 서 있는 것을 보게 될 때 복음 전파를 위한 당신의 헌금이 얼마나 많은 사람들의 삶에 영향을 주었는지 알게 될 것입니다.

하나님께서는 당신이 자신의 필요 또한 잘 돌보기 원하십니다. 당신의 돈을 몽땅 계속 남에게 주고 헌금해서 막상 자기 가족들은 길거리에 나 앉았다면 그것은 좋은 청지기라 할 수 없습니다. 하나님께서는 당신도 안락하게 살고, 옷을 잘 입으며, 좋은 것들을 소유하기 원하십니다. 하나님은 당신이 가난하기를 원치 않으십니다. 하나님은 당신이 자기 자신을 잘 돌보는 것을 반대하지 않으십니다. 제가 드리고자 하는 말씀은 형통이 뭔지 정말로 깨닫는다면 돈에 대한 태도가 변한다는 것입니다. 그렇게 되면 당신은 이렇게 생각하게 됩니다. 내가 우리 가족을 돌보는 데 들어가는 최소한의 돈은 얼마일까? 영원에 내가 투자할 수 있는 최대한의 돈은 얼마일까? 지금부터 백만 년 후에도 사람들은 당신이 복음에 투자한 것과 그것이 그들의 삶에 준 영향에 대해 감사하려고 영광 가운데 당신의 하늘나라 대저택에 계속해서 찾아올 것입니다. 하늘나라에서도 이렇게 말하는 성도는 하나도 없을 것입니다. "아이고, 더 멋진 자동차, 더 큰 TV를 사는데 내 돈을 썼더라면 얼마나 좋았을까." 전혀 그렇지 않습니다.

하나님은 사람을 변화시키는 일을 하십니다! 물질적인 것들은 다 시들어 없어질 것이며 유일하게 의미 있는 일은 당신이 사람들에게 얼마나 투자했느냐 입니다. 당신이 주머니에서 돈을 꺼내어 복음을 위해 드렸다는 것에 대해 언젠가는 감사하게 될 것입니다. 당신이 움켜쥐고 있는 모든 것은 마지막에 다 잃어버릴 것입니다. 끝까지 잃어버리지 않는 것이 있다면 그것은 당신이 다른 사람에게 준 것뿐입니다. 자기가 결코 잃어버리지 않을 것을 얻기 위해 영원히 가질 수 없는 것을 남에게 주는 사람은 결코 바보가 아닙니다.

주인이 청지기를 해고할 것이라고 말했을 때 그 청지기는 드디어 자기 미래를 위해 계획을 세우는 것이 좋겠다는 것을 깨닫습니다. 돈의 영향력과 능력을 사용하여 자신의 미래를 준비해야겠다고 생각한 것입니다. 예수님께서 이 비유를 통해 우리에게 하시는 말씀은 돈을 가장 잘 사용하는 방법이란 물건을 사는 것이 아니라 사람들의 삶에 영향을 주고 그들을 변화시키는 것이라는 점입니다.

불행하게도 예수님께서 이 비유를 통해 가르치려고 하신 사고방식을 이해했거나 가슴에 새긴 사람들이 많지 않습니다. 대부분의 사람들은 먼저 자기 자신이 쓸 것을 쓰고 남은 것에서 하나님께 드립니다. 마음의 모든 정욕과 욕망이 채워진 뒤에 남은 것을 하나님께 드립니다. 하나님께서 그들에게 화를 내시지는 않지만 그들은 재정을 맡은 선한 청지기 직분의 유익을 놓치고 있는 것입니다. 적은 돈으로 살고 우리의 물질의 일부분을 사용하여 미래에 영향을 미치는 법을 배우는 것이 훨씬 더 낫습니다.

쉴 새 없이 일하고 인생을 즐기면 안 된다는 뜻이 아닙니다. 미래에 대한 계획과 현재를 사는 것에 균형을 유지해야 한다는 말입니다. 그런데 적어도 미국에서는 많은 사람들이 변덕스러운 자기 기분을 만족시키는 것과 현재만을 생각하는 데에 줄곧 흔들려왔습니다. 사람들은 지금 당장 모든 것을 즐기려고 자신의 미래를 저당 잡히고 있습니다. 그들은 할 수 있는 모든 것을 움켜쥐고 자신의 욕망을 만족시키며 미래에 대한 준비는 전혀 하지 않습니다. 그 불의한 청지기와 같이 돈은 미래를 위해 쓰는 것이 가장 좋은 것이라는 점을 인식하면 더 좋을 것입니다.

불의한 청지기 비유에서 우리가 배우는 두 가지 요점은 돈이 가장 중요한 자산이 아니라는 것과 지혜로운 사람은 미래에 돈을 투자한다는 것입니다. 기억하십시오. 하나님의 축복이 당신을 부자로 만드는 것이지 돈이 당신을 부자로 만들어주는 것이 아닙니다. 당신에게 하나님의 축복이 있는 한 부가 당신에게 따라다닐 것입니다. 관건은 당신의 돈을 전부 순간의 쾌락을 위해 쓰지 않고 그 중 얼마를 사용하여 자신의 미래를 만들어가는 데 쓰는 법을 배우는 것입니다. 이 땅에서뿐만 아니라 하늘에서도 허다한 사람들이 당신을 환영하려고 기다리고 있을 것입니다.

05

먼저 하나님의 나라를 구하라

 당신에게 필요한 재정을 채워주기 원하시는 하나님의 소원에 집중하기 전에 먼저 재정에 대한 바른 태도를 갖는 것이 중요합니다. 당신의 눈이 성하면 온몸이 밝을 것이요 눈이 나쁘면 온몸이 어두울 것이라고 성경은 말합니다(마 6:22-23). 성경은 또한 악한 눈이 있는 자는 재물을 얻기에만 급하다고 합니다(잠 28:22). 바꿔 말하면 하나님의 것들과 재물을 얻는 것 사이에서 당신의 초점이 나뉘게 되면 당신의 온몸이 어두움으로 가득할 것입니다.

 이것은 아주 중요한 개념입니다. 주님께서 말씀하시는 바는 당신이 주님께만 초점을 맞추길 원하신다는 뜻입니다. 모든 일에 있어서 하나님께 전적으로 헌신하여 그분께만 초점을 맞춘다는 것이 불가능하다고 생각될지 모르겠습니다. 만일 우리가 인간의 힘만을 의지해야 한다면 저도 거기에 동의합니다. 그러나 우리는 우리 자신의 힘으로 그리스도인의 삶을 살지 않습니다. 사도 바울은 이렇게 썼습니다.

> 우리의 싸우는 무기는 육신에 속한 것이 아니요 오직 어떤 견고한 진도 무너뜨리는 하나님의 능력이라 모든 이론을 무너뜨리며 하나님 아는 것을 대적하여 높아진 것을 다 무너뜨리고 모든 생각을 사로잡아 그리스도에게 복종하게 하니
>
> 고후 10:4,5

하나님께서는 모든 생각을 사로잡아 그리스도에게 복종케 할 수 있는 아주 강력한 무기를 우리에게 주셨습니다. 당신은 직장에서 일하고 가족을 부양하고 일상생활에서 해야 할 일을 다 하면서도 여전히 하나님께 백 퍼센트 집중할 수 있습니다. 그러나 자신을 위한 재정의 축복을 스스로 만들어 내야 한다고 생각한다면 하나님께 초점이 맞춰질 수 없습니다! 만일 당신의 가족을 부양하고 돈을 버는 것이 전적으로 자신에게 달려 있다고 생각한다면 당신은 마음이 나누어지게 될 것입니다. 그런데

마음이 나누이면 어두움이 당신의 삶에 들어오게 되어 당신과 하나님과의 관계가 방해를 받게 됩니다.

사도 바울은 또한 "오직 한 가지 일을 한다"(빌 3:13)고 했습니다. 그가 그 모든 것을 성취할 수 있었던 이유는 그 한 가지를 했기 때문입니다. 바로 먼저 하나님의 나라를 구한 것입니다. 어떤 사람의 비전을 파괴시키는 가장 빠른 방법은 그에게 비전을 두 개 주는 것입니다. 집중력과 에너지가 나누어지면 당신은 목표를 이룰 수 없습니다. 만일 당신이 정말로 부요해지기를 원한다면 그 밖의 모든 것을 잊어버리고 먼저 하나님 나라를 구하는 이 한 가지 목표를 향하여 전진해야 합니다.

당신은 이렇게 생각할지도 모르겠습니다. '환상 속에 살고 있군요. 여기 현실세계에서는 카드 값을 내기 위해 일을 해야 합니다. 하루하루 살기 위해 돈을 벌어야 합니다.' 우리가 일을 해야 한다는 것은 맞는 말입니다. 성경은 게을러서 일하지 않는 사람은 먹지도 말라고 했습니다. 그러나 재정의 자유함에 대한 하나님의 계획은 열심히 일한 것의 결과를 초월합니다(살후 3:10). 우리는 돈과 형통에 대한 사고방식을 바꾸어야 합니다. 바울은 에베소 성도들에게 일하는 목표를 다르게 가지라고 격려하면서 이렇게 말했습니다. "도둑질하는 자는 다시 도둑질하지 말고 돌이켜 가난한 자에게 구제할 수 있도록

자기 손으로 수고하여 선한 일을 하라."(엡 4:28)

바울은 돈 낼 데가 있고 집도 있어야 하니 일하라고 하지 않았습니다. 또한 아이들을 먹이고 입히기 위해서 일을 해야 한다고도 하지 않았습니다. "가난한 자들에게 구제할 돈이 있도록 일하라"고 그는 말했습니다. 돈을 사용함에 있어서 가장 중요한 것은 일시적인 필요를 채우는 것이 아니라는 예수님의 가르침을 다시 강조한 것입니다. 다른 사람의 필요를 채워줌으로써 하나님의 사랑을 나타내고 사람들의 삶에 영향을 줄 수 있다고 바울은 말한 것입니다.

당신이 버는 돈은 다른 사람들의 삶이 나아지도록 영향을 미칠 수 있는 잠재력이 있습니다. 물론 당신에게도 필요한 것이 있으며 하나님께서도 그것을 알고 계십니다. 사람은 이렇게 생각하는 경향이 있습니다. '내가 다른 사람들을 돌보면, 나는 누가 돌봐주나?' 하나님께서 돌보시죠! 하나님께서는 당신이 자신을 돌보는 것보다 훨씬 더 잘 돌보실 것입니다. 당신이 알아야 할 것이 바로 이것입니다. 곧 재정은 믿음의 문제라는 것입니다. 제가 말하는 바를 철저히 분석해도 그것이 어떻게 작용하는지를 정확히 알 수 없습니다. 당신이 어떤 조건을 만족시키면 원하는 것보다 더 많은 돈을 벌 것이라고 어떤 계약서를 써 줄 수도 없습니다. 그러나 하나님의 말씀은 당신이 먼저 하나님의 나라를 구하면 당신의 모든 재정적 필요는 돌봄을 받을 것이라고 가르칩니다(마 6:33). 부요는 하나님을 추구하는 것에 대한 결과로 오는 부산물입니다. 재정이 목표가 되어서는 안 됩니다.

저는 지금 마음에 관해 말씀드리고 있습니다. 어떤 공식이 아닙니다. 한쪽에 집중하면 다른 쪽에서 부요가 나온다는 말이 아닙니다. 하나님의 재정 시스템은 세상의 시스템이 돌아가는 방식과 다릅니다. 하나님으로부터 오는 형통은 믿음에서 나옵니다. 만일 당신이 구제하기 위해 돈을 벌려고 일을 한다면 당신은 하나님께서 직접 돌보십니다. 그것은 하나의 사고방식이고 마음의 상태이지 벼락부자가 되는 비법이 아닙니다.

당신의 초점이 돈을 벌고 움켜쥐는 데에서 남에게 주는 삶으로 바뀔 때 하나님으로부터 오는 부요가 오는 것입니다. 대부분의 사람들은 이렇게 말합니다. "나도 주고야 싶지. 여유가 생기면 그렇게 할 거야." 앞에서도 말씀드렸지만 이렇게 말하는 사람들은 자기가 원하는 것을 다 얻었을 때 남은 것으로 하나님께 팁을 드리듯 합니다. 그들의 필요가 먼저 채워지고 나서야 남은 것을 하나님께서 가지실 수 있다는 말입니다. 하지만 그것은 먼저 하나님의 나라를 구하는 것이 아닙니다. 주님께서는 다른 사람들을 축복하기 위해 일해야 한다고 말씀하십니다.

주는 것 중의 최고는 복음을 전할 수 있도록 돕는 것입니다. 복된 소식이 전파되는 일을 도와 하나님의 사랑을 말과 행동으로 보일 때 하나님의 공급이 흘러갑니다. 하나님께서 초자연적으로 당신의 필요를 공급하시는 것입니다. 성경이 하나님께 남은 것을 드리는 게 아니라 첫 열매를 드리라고 말씀하시는 이유가 바로 이 때문입니다. 당신에게 돈이 들어올 때 첫 번째로 해야 할 일은 하나님께 돌려드리는 것입니다. 그렇게 하면 하나님께서 당신을 돌보시며 당신이 자기 재물을 움켜쥐고 아등바등 힘쓰고 애쓰는 것보다 더 잘 돌보십니다.

일부 그리스도인들이 재정적 부요에 대한 설교를 하고 그토록 그것을 믿으려는 이유는 세상 사람들이 가진 새 집, 새 차, 새 물건을 갖기 위해서입니다. 그들이 부요에 대해 설교를 하지만 그 이유는 전부 자기 자신을 위한 것입니다. 그들은 불신자들과 똑같이 큼지막한 보석으로 장식하고 돈 자랑을 합니다. 다시 말씀드리지만, 부유함에는 아무런 잘못된 것이 없습니다. 하나님께서도 당신이 멋지고 좋은 것들을 가지기 원하십니다. 하지만 당신의 마음의 태도는 어떠해야 합니까? 부요는 자기 혼자 잘 먹고 잘 살기 위함이 아닙니다. 진정한 부요는 당신을 통해 부요가 얼마나 많이 흘러가느냐 입니다.

하나님께서는 우리에게 두 손을 주셨습니다. 한 손은 받기 위한 손이고 다른 손은 주기 위한 손입니다. 만일 하나님께서 다른 사람들에게 재정을 공급하기 원하실 때 당신을 사용하실 수 있다면 하나님께서 당신에게도 공급을 주실 것입니다. 그렇게 돈이 당신을 통해 흘러간다면 그 중에 당신을 위해 남은 것도 풍성할 것입니다. 당신은 가난하게 살게 되어 있지 않습니다. 그러기에 당신의 첫 번째 우선순위는 다른 사람을 돕는 것이 되어야지 어떻게든 움켜쥐는 것이 되어서는 안 됩니다.

그것이 바로 성경에서 가르치는 태도입니다. "하나님이 능히 모든 은혜를 너희에게 넘치게 하시나니 이는 너희로 모든 일에 항상 모든 것이 넉넉하여 모든 착한 일을 넘치게 하게 하려 하심이라."(고후 9:8) 이 성경구절의 맥락을 보면 돈에 관한 것입니다. 사도 바울은 고린도 교인들에게 좋은 청지기가 되는 것에 대해 얘기하고 있습니다. 영적인 축복에 대한 얘기만이 아닙니다. 하나님께서 모든 재정적인 축복을 당신에게 넘치게 하시려는 이유는 당신이 그 자원을 가지고 다른 사람들을 위해 선한 일을 하도록 하려는 것이라는 뜻입니다. 참된 부요는 얼마나 좋은 집에 사느냐, 혹은 얼마나 좋은 차를 타느냐에 의해 규정되지 않기 때문입니다. 하나님께서는 다른 사람들에게 얼마나 축복이 되었는가에 의해 부요를 평가하십니다. 말은 쉽지만 실천하기는 어려운 것이지요.

미국에서 고졸자의 평균 수입은 일생 동안 백만 달러가 넘습니다. 대졸의 수입은 그것의 두 배입니다. 이 땅에 살아가는 많은 사람들을 거쳐 가는 돈이 일이백만 달러 정도 되겠지만 영원한 내세에서는 아무런 성과를 보이지 못할 수 있습니다. 그들은 가진 돈을 모두 자동차, 옷, 음식에 소비할 것이기 때문입니다. 결국 우리는 완전히 멸절될 것을 가지고 결코 없어지지 않는 것으로 전환시키는 특권을 가진 것입니다. 일단 이 진리를 이해하게 되면 당신은 줄 수 있다는 것이 얼마나 엄청난 축복인지 깨닫게 됩니다. 그것은 일생을 투자할 기회입니다.

아내와 제가 처음 사역을 시작할 때는 정말 아무것도 없었습니다. 우리는 재정적으로 힘든 시기를 보냈습니다. 그 이유는 저로 하여금 하나님의 축복을 경험하지 못하게 방해하는 종교적 속박과 제가 믿고 있던 잘못된 교리 때문이었습니다. 하지만 우리는 항상 하나님을 첫 번째 자리에 모셨으며 그 결과 하나님께서 우리를 축복하셨습니다. 우리는 하나님을 구했으며 다른 사람에게 주려고 노력했고 그에 따른 부수적인 결과로 부요가 주어졌습니다. 하나님의 재정 시스템은 그렇게 돌아갑니다.

육적인 생각은 이렇게 말합니다. '내가 내 자신을 챙기지 않으면 누가 날 돌봐주나?' 만일 당신이 하나님을 믿지 않는다면 그 말이 사실이겠지요. 그러나 당신이 하나님을 신뢰하고 당신의 첫 열매로 하나님을 공경할 때, 하나님께서 당신의 "창고가 가득히 차고 당신의 포도즙 틀에 새 포도즙이 넘치게"(잠 3:10) 하실 것입니다. 하나님께서 재정의 초자연적인 흐름을 당신에게로 향하게 하십니다. 하나님의 약속은 이것입니다. "너희는 먼저 하나님의 나라와 그의 의를 구하라 그리하면 이 모든 것을 너희에게 더하시리라."(마 6:33)

어떤 "것들"이 당신에게 더하여질까요? 문맥을 보면 예수님께서는 어디서 자고 무엇을 먹고 무슨 옷을 입느냐에 대해 말씀하셨습니다. 주님의 말씀은 재정이 당신에게 더하여질 것이라고 하셨습니다. 그러므로 당신이 하나님의 나라를 첫 번째 자리에 둘 때, 하나님께서 당신의 물질적인 필요를 돌보십니다. 바꾸어 말하면 당신의 첫 번째 우선순위가 하나님을 구하는 것일 때 하나님께서 당신을 돌보는 책임을 맡으십니다. 또한 당신이 자기 자신을 돌보는 것보다 하나님께서 당신을 훨씬 더 잘 돌봐 주실 것입니다.

구약에서 엘리야가 아합 왕에게 기근이 올 것이라 예언한 뒤 광야로 도망쳐 숨었습니다. 아합 왕이 하나님의 선지자들을 핍박했기 때문에 엘리야는 살기 위해 도망쳐야 했습니다. 처음에는 하나님께서 까마귀를 보내 시냇가에서 그를 먹이셨습니다.

시내가 마르자 하나님께서는 엘리야에게 사르밧 성으로 가서 한 과부의 공궤를 받으라고 하셨습니다. 엘리야는 그 성으로 가서 한 과부를 만나게 됩니다. 엘리야가 그 과부에게 던진 첫 마디는 이것이었습니다. "가서 물 좀 가져오고, 먹을 것도 가져 오라."(왕상 17:11) 과부가 그를 돌아보며 말했습니다.

> 당신의 하나님 여호와께서 살아계심을 두고 맹세하노니 나는 떡이 없고 다만 통에 가루 한 움큼과 병에 기름 조금 뿐이라 내가 나뭇가지 둘을 주워다가 나와 내 아들을 위하여 음식을 만들어 먹고 그 후에는 죽으리라 왕상 17:12

기근이었으니 물이 얼마나 귀했겠습니까? 그런데도 그 과부는 엘리야에게 기꺼이 물을 갖다 주었습니다. 그러나 엘리야가 먹을 것을 구했을 때는 선을 그었습니다. 이 과부에게는 먹고 죽을 마지막 한 끼밖에 없었습니다. 그녀와 아들은 그것을 먹은 후에 굶어죽을 참이었습니다. 아무것도 남지 않았기 때문입니다. 엘리야는 그녀에게 가서 그가 먹을 것을 먼저 만들어 오라고 말했습니다. 그런 다음 그녀와 아들을 위해 먹을 것을 만들 수 있을 거라고 했습니다. 엘리야는 그가 요구한 대로 하면 어떤 일이 일어날 것인지 그 과부에게 말해줬습니다.

이스라엘의 하나님 여호와의 말씀이 나 여호와가 비를 지면에 내리는 날까지 그 통의 가루가 떨어지지 아니하고 그 병의 기름이 없어지지 아니하리라 하셨느니라 왕상 17:14

그 과부는 한 끼 식사를 만들 밀가루와 기름밖에 없었지만 엘리야가 자기에게 말한 그 말씀을 믿고 먼저 그의 식사를 만들어 주었습니다. 그 결과 주님께서 그 적은 분량의 기름과 밀가루를 초자연적으로 그릇에서 없어지지 않도록 하셨습니다. 그것으로 엘리야와 그 과부와 아들은 삼 년 동안 먹고 지냈습니다. 만일 사람들이 과부의 마지막 끼니를 자신에게 가져오라고 했던 엘리야의 이야기를 들었다면 어떤 반응을 보였을까요? 그들은 엘리야가 과부의 음식을 빼앗았다고 비난했을 것입니다. 예루살렘 일보에 대문짝만한 기사가 떴을 것입니다. "하나님의 사람이 과부의 마지막 끼니를 빼앗다." 그러나 엘리야는 과부의 것을 빼앗은 게 아니었습니다. 그는 그녀에게 주고 있었습니다.

만일 그 과부가 엘리야에게 음식을 만들어주지 않았더라면 주님께서 초자연적으로 먹을 것을 증식시켜 주지 않았을 것이고 그러면 그 과부와 아들은 며칠 내로 굶어 죽었을 것입니다. 자기 자신을 돌보기 전에 먼저 하나님의 선지자를 대접함으로써 그 과부가 취한 믿음의 발걸음이 결국엔 자신과 아들에게

삼 년 동안이나 먹을 것을 공급해주었습니다. 그뿐 아니라 그 후에 엘리야가 죽은 그 과부의 아들을 살려주었습니다(17-24절). 만일 그 과부가 삼 년 동안 엘리야를 공궤함으로써 그와의 관계를 형성하지 않았더라면 그런 기적은 일어나지 않았을 것입니다. 즉 그 과부는 적은 것을 내어줌으로써 자신의 삶에 여러 가지 기적을 경험하게 된 것입니다.

수년 전 텍사스의 한 교회에서 이 말씀을 전한 적이 있었습니다. 예배가 끝나자 한 여성이 저에게로 와서 기도를 요청했습니다. 자기를 기억하느냐고 물었지만 저는 기억이 나질 않았습니다. 그러자 일 년 전에 제가 기도해준 일에 대해 말해 주었습니다. 당시 그녀는 정신병원에 입원하여 치료를 받으며 하나님께서 회복시켜주시길 원하고 있었습니다. 그날 제가 기도했더니 완전히 치유를 받았었습니다. 할렐루야! 결국 그분은 병원에서 나왔으나 갈 데가 없었습니다. 그래서 병원에서 그녀에게 살 곳을 마련해주고 관리인으로 채용했습니다. 그러나 그녀는 그곳에서 완전히 벗어나기 원했고 그러려면 재정적인 기적이 필요했습니다. 새로운 직장과 거처가 필요했던 것이지요.

그 과부에게 자신이 먹을 것을 먼저 달라고 했던 엘리야와 과부의 믿음의 발걸음이 어떻게 하나님의 초자연적인 공급의 문을 열었는지에 대한 설교를 막 마치던 차라 그녀에게도 헌금을 해야 한다고 말했습니다. "지금 가진 게 뭡니까?" 하고 제가 물었습니다.

그녀는 지갑을 열더니 작은 동전 주머니를 꺼냈습니다. 그녀가 그 작은 동전 주머니를 뒤집어 제 손에 모두 다 털어 놓자 87달러와 잔돈이 조금 나왔습니다.

"그걸 나에게 주세요." 제가 말했습니다.

"전부 다요?" 그녀가 물었습니다.

"네, 전부 다요." 제가 말했습니다.

그녀는 잔돈까지 전부 다 저에게 주었습니다. 그녀는 다음 번 급여를 받을 때까지 무일푼이 될 것이며 집에 먹을 것도 없다고 말했습니다. 게다가 다음 번 급여를 받으려면 일주일 이상 기다려야 했습니다. 그러나 저는 그녀의 돈을 몽땅 받아서 그 교회 담임 목사님께 드리고 재정적인 기적을 위해 그분과 함께 기도했습니다.

그 다음 주에 그 목사님께서 제게 전화를 해서 어떤 일이 일어났는지를 말해주었습니다. 우리가 기도한 그 다음 날 월요일에 그 교회에 다니지도 않는 어떤 분이 그녀에게 차를 한 대 주었다고 했습니다. 그녀에게 차가 필요하다는 것을 아는 사람은 아무도 없었습니다. 하나님의 초자연적인 공급이었던 것입니다. 그 뒤로 하루 이틀 후에 그녀의 어머니로부터 전화가 왔다고 했습니다. 이전에 그녀의 어머니는 자기 딸의 상태로 인해 어찌할 바를 모르다가 딸이 정신병원에 입원하게 되자 관계를 끊어버렸습니다. 그 어머니는 딸을 박대한 것에 대해 용서를 빌었고 다시 집으로 돌아오라고 부탁했습니다. 또한 일주일도 안 되어서 급여가 배나 많은 새 직장도 얻었습니다.

하나님을 믿지 않는 사람은 제가 그녀의 마지막 잔돈까지 다 뺏어가다니 잔인하다고 생각했을지 모릅니다. 그러나 저는 그분에게서 빼앗은 게 아니었습니다. 저는 하나님의 초자연적인 흐름을 활성화시킬 수 있는 기회를 주었던 것입니다. 그랬더니 그녀의 믿음의 발걸음이 차와 거처와 어머니와의 관계 회복 및 두 배의 급여를 받는 새 직장을 가져다 주었던 것입니다! 얼마나 놀라운 일입니까! 하나님께서 우리 삶의 모든 면에 얼마나 관심이 많으신지를 보여주는 아름다운 예입니다. 하나님께서는 우리가 모든 면에서 잘되기를 원하십니다. 신체적으로, 정서적으로, 재정적으로, 그리고 우리의 인간관계에 있어서 다 잘 되기를 원하십니다. 우리가 하나님의 나라를 첫 번째 자리에 둘 때 하나님께서 초자연적으로 우리의 필요를 돌보십니다. 그러므로 하나님께서 당신의 모든 재정적인 책임을 맡아주길 원한다면 당신의 재정에 있어서 하나님의 나라를 첫 번째 자리에 두십시오.

파격적인 개념 같이 들릴지 모르겠습니다만 이것은 역사합니다. 저의 삶에서 지금까지 역사해왔으며 수백 명의 다른 사람들의 삶에서도 역사하는 것을 저는 보았습니다. 만일 당신이 일하는 이유가 돈을 벌어서 필요를 채우는 게 전부라고 생각한다면 그만 좌절해버리고 말 것입니다. 아침마다 일어나서 직장에 출근하는 목적이 그저 집세를 내고 먹을 것과 옷가지를 사는 것이 다라면 낙심이 될 만도 합니다. 그보다 더 좋은 삶의 방법이 여기 있습니다!

> 너희를 위하여 보물을 땅에 쌓아두지 말라 거기는 좀과 동록이 해하며 도둑이 구멍을 뚫고 도둑질하느니라 마 6:19

이 구절을 '당신은 돈을 가져서는 안 된다' 는 뜻으로 해석한다면 잘못일 것입니다. 또 다른 성경구절은 우리가 자자손손에게 유산을 남겨주어야 하며 그렇게 하려면 돈을 조금씩 저축해야 한다고 말씀하기 때문입니다(잠 13:22). 이 구절에서 예수님은 우리의 동기를 알아보고자 하신다고 저는 생각합니다. 두려움에서, 아니면 속으로는 '여러 해 쓸 물건을 많이 쌓아두었으니 평안히 쉬고 먹고 마시고 즐거워하자' (눅 12:19)라고 말하며 편히 쉬려고 저축을 하는 것은 잘못된 태도입니다. 그러나 당신이

"모든 착한 일을 넘치게"하고(고후 9:8) 또 자손들에게 유산을 남겨줄 재산을 마련하기 위해 저축을 하는 것은 좋은 일입니다. 그것은 다른 사람을 축복하기 위해 돈을 사용하는 것입니다.

예수님께서 이 말씀을 하실 때 그분은 사람들이 다음과 같이 질문할 것을 아셨습니다. "어떻게 하나님의 나라를 먼저 구하고 동시에 물려줄 유산을 준비한단 말인가? 만일 모든 것을 주님을 위해 하면, 누가 내 집세를 내주고, 내 옷을 사주고, 나에게 먹을 것을 줄 것인가?" 그래서 예수님께서 말씀하셨습니다.

> 한 사람이 두 주인을 섬기지 못할 것이니 혹 이를 미워하고 저를 사랑하거나 혹 이를 중히 여기고 저를 경히 여김이라 너희가 하나님과 재물을 겸하여 섬기지 못하느니라 그러므로 내가 너희에게 이르노니 목숨을 위하여 무엇을 먹을까 무엇을 마실까 몸을 위하여 무엇을 입을까 염려하지 말라 목숨이 음식보다 중하지 아니하며 몸이 의복보다 중하지 아니하냐
> 마 6:24,25

이 말씀은 우리가 하나님과 재물을 겸하여 섬길 수 없다고 분명히 말합니다. 그러나 그것이 우리가 하나님을 섬길 때 결코 돈을 소유하지 못할 것이라는 뜻은 아닙니다. 우리가 하나님을

섬기기로 선택해야 하는 것은 분명합니다. 그래서 예수님은 하나님께서 어떻게 우리의 필요를 돌보시는지 계속하여 설명하십니다. 삶이란 무엇을 먹고 무슨 옷을 입어야 할지를 결정하는 것 이상이라고 주님은 말씀하십니다. 또한 재정에 대해 염려하는 것은 어떤 도움도 되지 않습니다.

> 공중의 새를 보라 심지도 않고 거두지도 않고 창고에 모아들이지도 아니하되 너희 하늘 아버지께서 기르시나니 너희는 이것들보다 귀하지 아니하냐 너희 중에 누가 염려함으로 그 키를 한 자라도 더할 수 있겠느냐 마 6:26,27

수백 만 마리의 새들이 굶어죽었다는 기사를 읽어본 적이 있으십니까? 없지요. 앞으로도 그런 일은 없을 것입니다. 그들은 심지도, 거두지도 않으며 먹을 것을 저장해두지도 않습니다. 그런데도 하나님께서 그들을 먹이십니다. 만일 하나님께서 작은 새를 그토록 잘 돌보신다면 하물며 그분의 형상대로 만들어진 사람들은 얼마나 더 잘 돌보시겠습니까!(창 1:26) 예수님께서는 우리를 돌보실 하나님에 대해 더욱 더 큰 확신을 가질 수 있도록 우리를 격려하고 계십니다. 매우 파격적인 말입니다. 우리는 어떤 일에 대해 염려하는 것이 우리의 의무인 듯 생각하기 쉽지만 하나님께서는 전심을 다해 그분을 의지하라고 말씀하십니다(잠 3:5, 벧전 5:7).

> 그러므로 염려하여 이르기를 무엇을 먹을까 무엇을 마실까 무엇을 입을까 하지 말라 이는 다 이방인들이 구하는 것이라 너희 하늘 아버지께서 이 모든 것이 너희에게 있어야 할 줄을 아시느니라 마 6:31,32

요즘 말로 하면 그런 것은 세상 사람들이 구하는 것이라고 말할 수 있겠습니다(32절). 그리스도인들과 불신자들 사이에는 차이가 있어야 합니다. 즉, 하나님과 언약을 맺은 사람들과 그 모든 것을 자신의 힘으로 얻어 내려고 하는 사람들 사이에는 차이가 있어야 한다는 뜻입니다. 세상 사람들도 재정을 포함하여 삶의 모든 영역에서 그리스도인들은 자신들과 다르다는 것을 볼 수 있어야 합니다. 우리는 불신자들과 똑같이 돈을 쫓아다니고 생존을 위해 몸부림쳐서는 안 됩니다. 하나님께서는 우리가 잘 되고 형통하기를 원하십니다. 또한 우리는 재정적인 부요를 포함하는 언약을 가지고 있습니다. 하나님은 당신이 잘 되고 형통할 때 기뻐하십니다! 하나님은 당신의 성공을 보고 싶어 하십니다(시편 35:27과 요삼 2절을 보십시오).

이렇게 확증하신 후에, 예수님께서는 먼저 하나님의 나라를 구하라 그리하면 "이 모든 것을 너희에게 더하시리라"고 우리에게 말씀하십니다. '이 모든 것'은 무엇입니까? 주님께서 앞서 말씀하신 것들입니다! 먹을 것, 잠잘 곳, 입을 옷 등의 모든 물질적인 필요들을 말합니다. 기억하십시오. 당신이 하나님의 나라를 가장 우선시 할 때, 하나님께서 그 밖의 것들을 모두 책임지십니다.

많은 사람들은 돈을 벌기 위해 등이 휘도록 일합니다. 돈이 될 만한 것은 어떻게 해서든 팔고 아껴 모으고 투 잡을 뛰기도 하며 조금이라도 연비가 좋은 차를 찾습니다. 한 푼이라도 더 모으려고 무슨 일이든 합니다. 그러나 결국 자신의 필요를 채워나갈 돈을 마련하는데 급급합니다. 모든 것이 다 해결된 뒤에 그제서야 복음전파를 위해 남은 것을 하나님께 드립니다.

그러나 성경적인 삶의 방법은 먼저 하나님의 나라를 구하는 것입니다. 우리의 재정에 있어서도 마찬가지입니다(마 6:33). 우리는 나누기 위해 일해야 합니다. 당신의 마음이 변화되어 다른 사람에게 축복이 되기 위해 일하면 하나님께서는 당신보다 당신을 더 잘 돌봐주실 것입니다. 하나님은 엘 치포(구두쇠 하나님)가 아니라, 엘 샤다이(전능하신 하나님)이십니다. 당신이 헌금과 재정에 있어서도 먼저 하나님의 나라를 구할 때 하나님께서는 당신을 부요케 하실 것입니다.

마음을 열어 성령님이 주시는 계시로 이 진리를 깨달으십시오. 제가 설명을 할 수도 있겠지만 지금 드리는 말씀을 참으로 이해하려면 초자연적인 계시가 필요합니다. 당신이 헌금했다고 해서 하나님께서 바로 그것의 백 배를 돌려 주셔야 한다고 생각하면 안 됩니다. 하나님을 의지하고 당신의 원천은 하나님이심을 믿고 신뢰해야 합니다. 단지 지적 동의가 아니라 마음 깊이 깨달아진 계시가 되어야 합니다. 일단 이 진리를 꽉 붙잡으면, 그것은 당신의 인생에 대변혁을 일으킬 것입니다. 하나님을 최우선 순위에 모시므로 하나님께서 초자연적으로 당신을 돌보실 거라고 믿으면 당신은 완전히 변화될 것입니다. 이것이 엄청난 평안과 확신을 가져다 줄 것입니다.

06

부요는 이기적인 것이 아니다

마태복음 후반에 보면 청지기 직에 대한 설명을 길게 언급합니다. 25장은 열 처녀의 이야기로 시작을 하는데 그 중 다섯 명은 등의 기름을 제대로 관리하지 못했습니다(1-12절). 같은 장에 주인이 맡긴 돈을 관리하는 세 명의 종에 관한 비유가 나옵니다. 주인이 한 종에게는 5달란트, 또 다른 종에게는 2달란트, 그리고 마지막 종에게는 1달란트를 주었습니다. 5달란트를 받은 종은 주인에게 받은 것으로 또 5달란트를 남겼습니다. 2달란트 받은 종도 또 2달란트를 남겼습니다. 그러나 1달란트를 받은 종은 그것을 안전하게 보관하기 위해서 땅에 묻어두었습니다.

후에 그 주인이 돌아와서 종들에게 그의 돈을 가지고 어떻게 했는지 물어봅니다. 5달란트를 남긴 종은 주인의 칭찬을 들었습니다. 2달란트를 남긴 종도 역시 칭찬을 들었습니다. 1달란트를 받은 종은 주인 앞에 와서 이렇게 말했습니다.

주인이여 당신은 굳은 사람이라 심지 않은 데서 거두고 헤치지 않은 데서 모으는 줄을 내가 알았으므로 두려워하여 나가서 당신의 달란트를 땅에 감추어 두었었나이다 마 25:24,25

그리고 그가 받은 한 달란트를 주인에게 돌려줍니다. 이에 주인은 격노합니다. 주인은 자신이 준 돈을 적어도 은행에 맡겨서 이자라도 남기지 않았다고 책망한 다음 이렇게 말했습니다.

그에게서 그 한 달란트를 빼앗아 열 달란트 가진 자에게 주라 무릇 있는 자는 받아 풍족하게 되고 없는 자는 그 있는 것까지 빼앗기리라 이 무익한 종을 바깥 어두운 데로 내쫓으라 거기서 슬피 울며 이를 갈리라 하니라 마 25:28-30

그 가난한 종은 받은 것을 투자하지 않았기 때문에 자기가 가진 작은 것까지도 빼앗겼으며 바깥 어두운 데로 내쫓겼다고 말합니다. 이 본문은 주님께서 주신 것을 가지고 그저 땅속에 감추어두지 말고 뭔가 하길 바라시는 주님의 마음에 대해 분명히 가르쳐줍니다. 우리 하나님은 증식의 하나님이십니다. 그분은 우리가 받은 자원을 증가시키기 원하시며 육적인 욕망을 위해 돈을 낭비하는 것을 원치 않으십니다.

이 비유를 드신 후에 예수님께서 영광 가운데 다시 와서 양과 염소를 구분하리라고 말씀하셨습니다(31-33절). 한쪽 사람들에게 주님은 말씀하셨습니다. "내 아버지께 복 받을 자들이여 나아와 창세로부터 너희를 위하여 예비된 나라를 상속 받으라"(34절). 그들은 헐벗은 자들에게 옷을 입히고, 병든 자들을 돌보며, 목마른 자들에게 물을 주고, 옥에 갇힌 자들을 찾아갔던 사람들이었습니다(35-36절). 이것 역시도 전부 청지기 직과 관계가 있습니다. 예수님은 하나님께서 우리에게 축복하신 자원들을 가지고 다른 사람들과 관계하는 데 사용하라는 이야기를 하신 것입니다. 옥에 갇힌 사람들을 찾아가려면 돈이 필요합니다. 그곳에서 돈이 필요하지 않다 하더라도 교통비라도 듭니다. 모든 사역에는 돈이 듭니다.

헐벗은 자들에게 옷을 입혀주지 않고, 병든 자들을 돌보지 않고, 굶주린 자들에게 먹을 것을 주지 않는 자들은 사실 주님을 알지 못하는 자들이니 영원한 불 속에 던져질 것이라고 예수님은 말씀하셨습니다(41-46절). 그것은 좀 강경한 말이며 청지기 직분이란 하나님께서 우리 모두에게 기대하시는 필수적인 부분이라고 선언하고 있기에 많은 사람들이 이것을 듣기 싫어합니다. 대부분의 사람들이 자신들의 재정 통제권을 기꺼이 포기하려고 하지 않습니다. 그래서 그들은 달란트라는 단어를 일부 영적으로만 해석하여 우리가 받은 영적인 은사들을 말하는 것이라고 주장합니다. 그렇게 적용해서는 안 된다는 말은 아니지만 여기서 예수님은 문자 그대로 돈에 대해서 말씀하신 것입니다. 바로 청지기 직분은 우리가 생각하는 것보다 훨씬 더 중요하다는 것을 다시금 보여줍니다.

또 어떤 사람들에게는 부요가 이기적인 것이라고 생각하는 문제가 있습니다. 수많은 사람들이 현재 자기가 가진 것에 만족하며 자기들은 더 이상 원하는 게 없다고 저에게 말했습니다. 저도 가진 것에 만족하는 것은 경건한 것이라고 생각하지만 더 많은 것을 원하지 않는다고 말하는 것 또한 이기적인 것입니다. 그런 사람들이 하는 말의 의미는 이렇습니다. "나의 필요가 채워지는 한 나는 만족하다. 나는 더 이상 필요한 것이 없어." 다른 사람들은 상관없습니까? 당신에게 여유가 있으면 가난한 사람들을 물질로 축복할 수 있습니다. 재정에 여유가 없다면 제한을 받습니다. 잘되고 번영하여 당신의 재정을 증가시키는 것이 더 좋은 것입니다. 당신 자신을 위해서가 아니라 누군가 다른 사람에게 축복이 될 수 있기 때문입니다.

부요는 당신 자신만을 위한 것이 아닙니다. 하나님께서 우리에게 재물을 맡기신 이유는 우리가 다른 사람들에게 축복이 되게 하기 위해서입니다. 그러므로 부요하길 원하는 것은 이기적인 것이 아닙니다. 하나님을 당신의 원천으로 알고 그분이 주신 돈을 청지기로서 관리해야 할 자원으로 여긴다면, 물질을 나누어 주고 이 땅에 하나님의 언약을 세워가는 것을 돕기 위해 부요하길 원하는 것은 아주 경건한 것입니다.

이와 반대로 이기적인 관점에서 부요를 가르치는 사람들을 보게 됩니다. 어떤 목사님들은 오직 더 많이 갖는 것만이 전부인 양 부요를 가르칩니다. 그것은 이기적인 것이며 그 동기는 탐욕입니다. 잘못된 동기로 헌금하면 그에 따른 초자연적인 보상은 없습니다. 물질을 줄 때는 다른 사람들을 축복하고자 하는 겸손한 마음으로 해야 합니다. 동기가 행동 그 자체보다 더 중요하기 때문에 잘못된 마음으로 주는 것은 아무런 유익이 없습니다.

성경은 이렇게 말합니다. "내가 내게 있는 모든 것으로 구제하고 또 내 몸을 불사르게 내줄지라도 사랑이 없으면 내게 아무 유익이 없느니라."(고전 13:3) 이 말씀은 생명을 내던지는 궁극적인 희생을 할 수도 있지만 그것이 사랑의 동기에서 행해진 것이 아니라면 당신에게 아무런 유익이 되지 못한다는 뜻입니다. 상대방에게는 축복이 되겠지만 당신에게는 초자연적인 보상을 가져다 주지 못합니다.

마찬가지로 선한 청지기의 역할을 한다고 해도 바른 동기로 하지 않는다면 당신에게 전혀 도움이 되지 못할 것입니다. 만일 당신이 헌금하는 유일한 이유가 하나님께 돌려받기 위함이라면 그건 역사하지 않을 것입니다. 하나님께서는 당신이 잘되고 부요하기를 원하십니다. 그러나 하나님의 공급을 믿는 것은 돈을 탐하며 재정의 초자연적인 흐름을 바라는 것과는 다릅니다. 믿음은 역사합니다. 하지만 육적인 욕망은 당신에게 아무런 유익을 주지 못할 것입니다.

일부 그리스도인들은 부요에 대해 잘못된 태도를 가지고 있습니다. 하나님께서 우리가 청지기 직분을 통해 부요하고 번영하기를 원하신다는 얘길 들으면 즉시 탐욕과 이기심이 발동하는 사람들입니다. 그들은 이렇게 생각합니다. '거봐, 내가 할 수 있는 한 많이 벌어들이고 그 다음에 내 능력껏 편안하게 사는 것이 성경적으로 정당한 거야. 얼마나 멋져!' 그렇지 않습니다! 하나님께서는 당신의 재정이 증가하는 것을 원하시지만 당신의 동기가 더 중요합니다.

재정적인 청지기 직분에 있어서 바른 동기를 갖는 것은

저절로 되는 것이 아닙니다. 우리 사회는 자아성취와 자기만족에 초점을 맞추고 있기 때문에 하나님을 위해 산다는 것은 매우 낯선 개념입니다. 인간적 사고에는 통하지 않습니다. 사도 바울이 노예 제도에 대해 어떻게 반응했는가를 생각해보십시오. 그 당시에 노예 제도는 아주 일반적인 관행이었습니다. 그 때에 바울은 아마도 그리스도의 몸인 교회 안에서는 가장 영향력 있는 사람이었을 것입니다. 또한 그리스도인들의 행동에 영향력을 줄 수 있는 위치에 있었습니다. 만일 그가 노예 제도라고 하는 불공평한 관행에 반대의 목소리를 내었더라면 십중팔구 수천 수만의 노예들을 해방시켰을 것이지만 그는 그렇게 하지 않았습니다.

예를 들어 바울은 빌레몬의 종인 오네시모에 대해 이야기하려고 빌레몬에게 편지를 썼습니다. 오네시모는 당시 주인에게서 도망하여 로마로 피신했습니다(몬 1:10-19). 로마에 있을 때 오네시모는 바울을 만났고 바울은 그를 주님께로 인도한 다음 주인에게로 돌아가서 노예로서 그의 위치를 지키라고 말했습니다! 하나님은 노예 제도에 찬성하지 않으십니다. 바울도 그것을 알고 있었습니다. 바울은 다만 노예와 자유인 사이에 차이가 없다는 말만 했습니다. 노예는 그리스도 안에서 자유하며 자유인은 그리스도께 매인 노예입니다. 당신의 인생 전부가 그리스도 안에 있을 때 당신은 주 안에서 승리와 만족을 얻을 것이기 때문에 당신이 자유인으로 살든 종으로 살든 그건 상관이 없습니다.

우리는 오늘날 바울 당시의 사람들보다 더 인본주의적입니다. 그러기에 이런 태도를 소화하기 어려울지 모르겠습니다. 우리 사회는 전부 개인적인 자유와 자기 본위 중심입니다. 자유가 어떤 사람들에게는 거의 신이 되어 있다고 생각합니다. 하지만 여기서 바울은 그리스도인인 노예들에게 주인을 무시하지 말라고 말하고 있습니다. 오늘날 많은 사람들은 고약한 태도로 그리스도인은 노예를 다르게 대해야 한다고 말할 것입니다. 그들은 그리스도인이라면 그 노예를 자유하게 해 주어야 한다고 할 것입니다. 그러나 바울은 노예들에게 그들의 그리스도인 주인들을 더욱 잘 섬기라고 합니다. 그들이 형제이기 때문입니다. 바울은 노예들에게 주인에게 복종하라고 하면서 이렇게 말했습니다.

> 누구든지 다른 교훈을 하며 바른 말 곧 우리 주 예수 그리스도의 말씀과 경건에 관한 교훈을 따르지 아니하면 그는 교만하여 아무 것도 알지 못하고 변론과 언쟁을 좋아하는 자니 이로써 투기와 분쟁과 비방과 악한 생각이 나며 마음이 부패하여지고 진리를 잃어 버려 경건을 이익의 방도로 생각하는 자들의 다툼이 일어나느니라 딤전 6:3-5

바울은 개인의 자유가 전부는 아니라고 말합니다. 우리 자신만 돌보고 우리 자신의 이익만을 추구하는 것이 인생의 전부는 아닙니다. 그러나 미국에는 한 세대 전체가 "나 중심의 세대"라고 불릴 정도입니다.

이렇듯 대부분의 사람들이 매우 자기중심적인 삶을 살고 있습니다. 모든 게 전부 "나"에 대한 것입니다. 당신이 자기 자신만을 생각하는 사람이라면 당신의 영향력은 당신 안에서 끝나고 맙니다.

미국에서 제2차 세계대전에 참전해서 싸운 많은 사람들이 희생을 당했습니다. 제 친척 중 한 분도 이와지마 전투에 해병으로 참전했었습니다. 그는 수륙 공동작전에서 첫 번째 공격조에 속해 있었습니다. 그 부대가 침공하기 전에 그는 첫 번째 공격 조는 결코 성공하지 못할 것이라는 말을 들었습니다. 그들은 단지 총알받이로 적의 탄약을 소진시키는 일에 이용될 뿐이었지만 뒤에 따라올 병사들이 살아남아서 전투에 승리할 기회를 가질 수 있도록 기꺼이 그런 희생을 치르려고 했습니다. 그들은 아군이 승리만 한다면 자신이 희생할 수 있다고 생각했었습니다. 그들은 자기 이익이 아닌 원칙에 더 헌신되어 있었습니다. 그들의 개인적인 자유나 자신이 살아남는 것보다 더 중요한 뭔가가 있다는 것을 그들은 알았습니다.

이기심은 오늘날 가장 만연되어 있는 태도입니다. 사람들은 무엇이든 오직 자신에게 뭐가 좋은지에 따라 결정을 내립니다. 만일 뭔가가 그들 개인의 삶에 이롭다면 그것은 좋은 것이라고 생각합니다. 반대의 경우라면 나쁜 것이 되는 것이지요. 자신의 필요 외에는 생각할 줄을 모르는 것입니다. 그런 식의 태도는 재정을 다루는 방법에도 영향을 미칩니다. 바울은 노예 제도에 대한 이야기를 마무리할 때 이렇게 적용했습니다.

그러나 자족하는 마음이 있으면 경건은 큰 이익이 되느니라 우리가 세상에 아무 것도 가지고 온 것이 없으매 또한 아무 것도 가지고 가지 못하리니 우리가 먹을 것과 입을 것이 있은 즉 족한 줄로 알 것이니라 부하려 하는 자들은 시험과 올무와 여러 가지 어리석고 해로운 욕심에 떨어지나니 곧 사람으로 파멸과 멸망에 빠지게 하는 것이라 돈을 사랑함이 일만 악의 뿌리가 되나니 이것을 탐내는 자들은 미혹을 받아 믿음에서 떠나 많은 근심으로써 자기를 찔렀도다 오직 너 하나님의 사람아 이것들을 피하고 의와 경건과 믿음과 사랑과 인내와 온유를 따르며 믿음의 선한 싸움을 싸우라 딤전 6:6-12

어떤 사람들은 이 구절을 읽고 돈은 그 자체가 악한 것이라는 뜻으로 받아들였습니다. 그러나 이 구절에서 "만족(자족)"이라는 단어는 당신의 필요가 채워진 상태를 뜻합니다. 경건한 자세를 가지면 부를 가질 수 없다는 말이 아닙니다. 당신의 동기가 바르면 둘 다 가질 수 있습니다. 하나님을 사랑한다는 것이 가난해야 한다는 의미는 아니며 돈을 갖는 것이 불경건하다는 것도 아닙니다. 부는 상대적입니다. 많은 돈을 가지고 있으면서 동시에 하나님의 종이 될 수는 없다고 설교하는 사람들 중에 정작 자신들은 전 세계적 기준으로 볼 때 굉장한 부자들이 많습니다. 바울에게 이 편지를 받은 사람들에 비하면 우리는 엄청나게 부요합니다. 그들은 꿈도 꿀 수 없었던 편리한 것들을 우리는 가지고 있습니다. 따뜻한 물이 나오는 수도, 에어컨, 실내 배관 시설, 전자레인지, 자동차 그리고 당시 왕들이 살았을 법한 집 말입니다. 우리는 전례에 없던 부요와 번영의 시대를 살고 있습니다.

이 구절이 하고자 하는 말은 우리가 돈을 가질 수 없다는 것이 아닙니다. 돈을 사랑함이 일만 악의 뿌리이지 돈 그 자체가 일만 악의 뿌리는 아닙니다. 돈은 문제가 아닙니다. 돈에 대해 사람들이 갖는 태도가 문제입니다. 돈을 의지하는 것과 돈에서 성취감을 얻는 것이 문제입니다. 만일 당신이 하나님만 신뢰하고 의지한다면 하나님께서 이끄시고 부르신 그 일을 성취하는

데 필요한 재물을 주실 것입니다. 당신이 돈을 사랑하고 하나님보다 돈이 줄 수 있는 것을 더 사랑할 때, 또한 하나님을 원천으로 바라보지 않고 돈을 의지할 때 많은 문제들이 발생하는 것입니다.

종교가 이 성경말씀을 왜곡시킨 것과 그리스도인들이 주님의 이름으로 얼마나 가난을 장려하고 있는지를 보면 정말 놀라운 일입니다. 가난하다고 경건한 것이 아니며 부자라고 경건치 않은 것도 아닙니다. 돈은 경건과 아무 상관이 없습니다. 하나님께서는 우리가 가난해서 항상 다른 사람을 의존해 사는 것을 원치 않으십니다. 우리가 재정적으로 다른 사람들을 도울 수 있기를 원하십니다. 그리스도인들이 문제거리가 아니라 해답이 되기를 원하십니다. 그렇게 되기 위해서는 우리의 재정이 증가되어야 합니다. 돈은 악한 것이라고 많이 들어 왔지만 우리가 다른 사람들에게 축복이 되기 원한다면 돈을 소유하는 것에 대한 우리의 편견들을 떨쳐버려야 합니다.

한편, 이 말은 좀 이상하게 들릴 수도 있을 것입니다. 당신은 이렇게 생각할지도 모르겠네요. 도대체 누가 돈을 소유하는 것에 대해 편견을 가질 수 있다는 말인가? 제가 그랬습니다! 저는 어린 시절 함께 자란 다른 아이들에 비해서 꽤 넉넉한 집에서 자랐습니다. 그러나 하나님을 섬기는 사람들이 돈을 소유하는 것은 경건치 못한 것이라는 가르침을 받고 자랐습니다. 제가 어렸을 때 우리교회에 설교하러 오신 어떤 선교사님 부부는 호텔과 같은 숙소가 아니라 그분들 차 뒤에 설치된 이동식 숙소에서 주무셨습니다. 그분들은 호텔에 돈을 쓰고 싶어 하지 않았습니다. 사모님은 옷이 두 벌 밖에 없어서 매일 밤 하나는 세탁하고 이튿날엔 다른 옷을 입는다고 했습니다. 우리 담임 목사님께서는 그 부부를 높이 존경하면서 참된 그리스도인이 어떻게 살아야 하는가를 보여주는 본이라고 추켜세웠습니다. 그들은 "예수님을 위해 고난을 당하고" 있었습니다.

지금 그것을 돌아보면 그 얼마나 역행적인 가난의 모델인가 하고 깨닫습니다. 하나님께서는 당신이 차 뒤에서 잠을 자거나 입을 옷이 넉넉지 않기를 원하지 않으십니다. 주님은 우리가 그분의 증인이 되리라고 하셨는데 그렇게 되면 얼마나 초라한 주님의 증인입니까! 그건 마치 하나님께서는 그분의 자녀들조차도 돌볼 수 없는 분으로 보이게 합니다.

제가 처음 사역에 뛰어들었을 때 뭔가를 소유하는 것에 대해 어려워했던 것이 바로 저의 재정적 문제였습니다. 목사라면 없이 지내야 한다고 생각했습니다. 그러나 성경은 말합니다. "내가 어려서부터 늙기까지 의인이 버림을 당하거나 그의 자손이 걸식함을 보지 못했도다."(시 37:25) 가난은 하나님을 영화

롭게 하지 못합니다. 따라서 가난해야 하나님께 영광 돌린다는 말은 성경을 왜곡하는 것입니다.

성경적인 부요는 이기적이지 않습니다. 그것은 이기적인 필요만을 채우는 것이 아니기 때문입니다. 부요에 대한 기독교적인 동기는 다른 사람들을 축복하고 하나님의 부르심을 성취하기 위한 것입니다. 부요는 당신의 육신을 만족시키기 위함이 아닙니다. 전혀 그렇지 않습니다. 부요함은 남에게 주기 위함입니다. 당신이 그러한 태도를 가지게 된다면 하나님께서는 당신에게 돈을 허락하실 것입니다. 그러면 남에게 주고도 당신에게 남는 것이 많아질 것입니다.

부요는 또한 상대적이라는 것을 기억하는 것이 중요합니다. 부요는 선진국에 사는 사람들에 한정되지 않습니다. 작은 마을에 사는 농부에게 부요는 염소 한 마리가 아니라 열 마리를 갖는 것을 의미할 수도 있습니다. 당신의 동네에서 가장 멋진 오두막에 살면서 병아리를 두 마리가 아닌 여섯 마리를 기르는 것을 뜻할 수도 있습니다. 당신은 부요하기 위해서 비벌리힐스Beverly Hills의 수백만 달러 고급 주택에서 살 필요가 없습니다. 부요의 기준은 상대적입니다. 하지만 부요에 대한 이 진리는 세계 어느 곳에서나 어느 상황에서나 역사할 것입니다. 부요의 열쇠는 바른 동기를 가지고 먼저 하나님을 구하는 것입니다. 그렇게 할 때 하나님의 초자연적인 흐름을 받을 수 있는 위치에 있게 됩니다.

성경은 말합니다. "하나님이 능히 모든 은혜를 너희에게 넘치게 하시나니 이는 너희로 모든 일에 항상 모든 것이 넉넉하여 모든 착한 일을 넘치게 하게 하려 하심이라."(고후 9:8) 하나님께서 그분의 은혜를 우리에게 넘치게 하시는 이유는 우리로 하여금 모든 착한 일을 넘치게 하도록 하게 하기 위함입니다.

진정한 부요의 정의를 기억하십시오. 부요란 우리가 자기 자신을 위해 얼마나 많이 소유하느냐가 아니라 얼마나 많이 주느냐로 규정됩니다. 많은 사람들이 겉으로는 좋아 보입니다. 거대한 집, 화려한 장식품, 증권 외에도 여러 가지 투자 품목에 돈을 쌓아놓고 있지만 그들의 돈은 모두 묶여 있습니다. 저는 수도 없이 많은 "부유한" 사람들이 우리단체에 헌금을 하고 싶은데 "유동 자산"이 없기 때문에 할 수가 없단 말을 들어왔습니다. 그런 사람들은 실제로는 부요하지 못한 것입니다. 만일 당신이 가진 돈을 모두 자신을 위해 사용한다면 당신은 부요한 게 아닙니다. 진정한 부요는 주는 것이요 "모든 선한 일을 넘치게 할" 수 있는 능력입니다. 그것은 당신의 집의 크기, 당신이 운전하는 차, 혹은 보석과 값비싼 옷에 의해 결정되는 것이 아닙니다. 사실, 그런 것들이 전혀 없어도 부요할 수 있습니다.

구약 성경은 요셉에 대한 이야기를 전해줍니다. 그는 청년 때 노예로 팔렸습니다. 노예를 사러 시장에 나온 사람들이 노예의 몸 상태를 보려 했기 때문에 보통 노예들은 알몸으로 나왔습니다. 요셉은 자신의 소유물이 하나도 없는 가운데 경매장에 벗은 채로 서 있었고 그때 성경이 말하기를 그는 형통한prosperous 자라고 했습니다(창 39:1-2). 부요prosperity는 가진 재산이 얼마나 많은가로 측정되지 않습니다. 요셉은 벌거벗은 노예였으나 하나님께서 여전히 그와 함께 하셨습니다. 그러므로 돈이 그에게 흘러가는 것은 시간문제였습니다.

요셉의 인생에 하나님의 축복이 임함으로써 그가 하는 일마다 형통했습니다. 요셉을 노예로 사들인 사람인 보디발은 곧 요셉에게 임한 기름부음을 알아보았고 그의 전 재산을 요셉에게 맡겼습니다(4절). 보디발의 아내는 심지어 요셉에게 임한 기름부음에 이끌리기까지 했습니다. 그러나 그가 동침을 거절하자 그녀는 그에 대해 거짓말을 꾸며 옥에 집어넣었습니다. 하지만 하나님은 감옥에서도 요셉과 함께 하셨습니다. 오래지 않아 간수장은 감옥의 모든 사무를 요셉에게 맡기고 그가 운영하도록 했습니다(7-23절).

감옥에 있었을 때 요셉은 함께 갇혀 있었던 바로의 두 관원장의 꿈을 해석해주었습니다. 한 사람은 석방 되었고 다른 사람은 처형 되었는데 요셉이 해석해준 그대로 되었습니다(창 40장). 2년 후에 바로가 두 가지 꿈을 꿉니다. 그 꿈을 해석해줄 사람이 없었을 때 그 석방된 관원장이 바로에게 요셉 이야기를 해줍니다. 이에 요셉이 바로 앞에 불려 나가자 바로가 이렇게 말했습니다. "내가 들은즉 너는 능히 꿈을 푼다는구나."

요셉이 대답했습니다. "내가 아니라 하나님께서 왕을 위하여 꿈을 해석해주실 것입니다." 이것은 요셉의 마음을 보여줍니다. 그는 언제나 하나님을 최우선의 자리에 두었습니다. 과연 하나님께서는 요셉을 통하여 꿈을 해석해주셨고 바로는 요셉을 애굽 전역을 관할하는 제2인자로 삼았습니다. 그리고 요셉은 애굽을 기근으로부터 구했으며 바로를 더욱 부하게 만들어 주었습니다(창 41장).

요셉은 그가 만난 모든 사람들의 인생을 잘되게 했습니다. 그는 놀라운 축복의 근원이었습니다. 요셉은 다른 사람들을 도와주는 삶을 살고 결과적으로 자신도 부자가 되었지만 그의 목적은 부자가 되는 것이 아니었습니다. 요셉은 먼저 자기 주위에 있는 사람들에게 축복이 되었고 이렇게 다른 사람들을 축복한 결과 계속적으로 승진하여 결국 자기 자신도 잘되고 형통케 되었습니다. 그러나 요셉이 부유해지고 힘을 갖게 되었을 때에도 그는 오로지 자신의 기분과 감정을 만족시키기 위해 자신의 부와 권력을 사용하지 않았습니다. 그는 그의 형제들과 그들의 가족들을 구하기 위해 그의 지위를 사용했습니다. 처음에 자기를 노예로 팔아 넘겼던 바로 그 사람들을 말입니다.

요셉은 주는 자였으며 항상 하나님을 첫 자리에 두었습니다. 우리도 그와 같은 태도를 가져야 합니다. 경기침체가 발생하면 대부분의 그리스도인들이 먼저 줄이는 것이 바로 헌금입니다. 그거야말로 우리가 해서는 안 되는 가장 나쁜 일입니다. 우리도 요셉처럼 환경과 상관없이 하나님을 첫 번째 자리에 두어야 합니다. 사실 힘든 시기가 닥칠 때면 주는 일과 헌금을 더 늘려야 합니다. 그래야만 추수를 증가시킬 수 있습니다.

성경의 기록에 의하면 요셉의 할아버지인 이삭은 흉년 때 농사를 지어 백 배의 소출을 얻었습니다(창 26:12). 거의 모든 사람들이 먹을 것을 구하러 가나안에서 애굽으로 내려갔지만 주님께서는 이삭에게 거기 그대로 있으라 하셨고 이삭은 그 말씀에 순종했습니다. 그는 세상의 부요를 구하러 사람들이 버리고 간 땅에서 농사를 짓기로 했고 그 결과 거대한 추수를 거두게 되었습니다. 다른 모든 사람들이 가난을 두려워하여 주춤하고 있을 때 씨를 심었기 때문에 그는 엄청난 부자가 되었습니다.

이상 두 가지 이야기는 우리가 지금까지 거론해온 내용을 설명해주는 좋은 예입니다. 하나님께서 우리를 축복하시려는 이유는 우리를 축복의 근원으로 만들어주시기 위함입니다. 만일 당신이 경기침체를 당한다면 개인적인 지출을 줄이되 하나님을 위해서 하는 일은 절대로 줄이지 마십시오. 만일 하나님께서 당신을 통해 돈을 다른 사람들에게 나눠 줄 수 있다고 판단하시면 당신에게 그 돈을 가져다 주실 것입니다. 부요는 그처럼 풍성한 공급을 가져다 주기 때문에 당신은 모든 선한 일을 넘치게 할 수 있으며 그 말은 당신이 주는 삶을 살 때 축복이 당신에게 흘러 들어온다는 의미입니다.

> 심는 자에게 씨와 먹을 양식을 주시는 이가 너희 심을 것을 주사 풍성하게 하시고 너희 의의 열매를 더하게 하시리니
>
> 고후 9:10

이 구절은 농사짓는 것에 대한 이야기가 아니라 영적인 원리를 설명한 것입니다. 땅속에 옥수수 한 알이 심겨지면 수천 개의 옥수수 알갱이를 열매 맺는 옥수수를 싹 틔울 것입니다. 당신이 돈을 드릴 때 그것은 씨를 심는 것과 같습니다. 씨 하나를 심으면 무수한 씨를 열매 맺는 새로운 식물이 나는 것처럼 돈을 주거나 헌금을 하면 당신의 삶에 재정을 증가시켜줍니다.

이 성경구절에 의하면 하나님께서는 심는 자에게 씨를 주십니다. 마치 하나님께서 이삭이 흉년 때 심어 놓은 농작물에서 백 배를 거두게 하신 것과 같습니다. 자신의 농토를 버리고 부요를 찾아 애굽으로 내려간 사람들은 아무것도 얻지 못했습니다. 이삭이 씨를 심었기 때문에 하나님께서는 이삭에게 수확하게 하셨습니다. 당신이 헌금을 하거나 돈을 줄 때, 그것은 씨를 심는 것과 같습니다. 하나님은 주는 자에게 돈을 주십니다.

우리는 또한 하나님의 말씀에서 이런 말씀을 듣습니다. "여호와께서는 온 땅에서 온전히 여호와께 몸을 맡기는 사람을 찾고 계십니다."(대하 16:9, 쉬운성경) 여기에 '온전히'라는 단어는 "완전한, 전체적인, 평화로이"라는 뜻입니다. 그것은 죄 없는 상태를 말하는 것이 아닙니다. 하나님을 향한 태도가 올바른 성숙한 마음을 가진 것을 말합니다. 여호와 주님은 땅을 살피시면서 그분의 약속을 믿고 하나님의 나라를 첫 번째 자리에 두는 사람을 찾고 계십니다. 하나님은 꼼수가 아닌, 즉 나중에 받으려고 헌금하는 게 아니라 마음에서 우러나와 진정으로 드리려는 자들을 찾고 계십니다. 하나님은 온 세상에서 그분의 재정을 맡길 수 있는 사람 즉 주는 자들을 찾고 계십니다.

이것을 반대로 생각해 봅시다. 당신의 재정이 매달 적자가

난다면 아마도 하나님께서 보실 때 당신은 주는 자가 아닐 수 있습니다. 물론 그것이 재정이 부족한 유일한 이유는 아닙니다. 저 또한 잘못된 가르침을 믿은 탓에 한때 얼마나 재정이 부족했는지 이미 말씀 드렸습니다. 우리의 삶에 부족함을 야기하는 다른 요소들이 있을 수 있습니다. 그렇지만 우리의 마음의 상태가 바르지 못할 수도 있다는 말씀입니다.

돈에 관한 마음의 상태에는 크게 두 가지가 있는데 하나는 먹는 자이고 다른 하나는 심는 자입니다. 먹는 자란 온통 자신의 필요만 채우는 사람들입니다. 그들은 자신의 왕국을 세우려고 애를 씁니다. 자신의 재정을 사용하여 원하는 것을 전부 다 사고 남은 것이 있을 때에만 주거나 헌금을 합니다. 이와 반대로 심는 자란, 먼저 다른 사람들을 첫 번째 자리에 두는 사람입니다. 심는 자들 역시도 먹어야 합니다. 그러니 자신을 위해 아무것도 사면 안 된다는 말이 아니라 그들의 마음의 소원이 먼저 하나님의 나라를 구하고 주는 것이라는 뜻입니다. 하나님께서 세상에서 두루 찾으시는 사람은 심는 자들입니다.

제가 오래 전에 어떤 교회에서 말씀을 전하고 있을 때 이에 대한 좋은 사례를 보게 되었습니다. 그 교회 담임 목사님께서 성도들에게 다음과 같이 말했습니다. 하나님께서 그 교회가 그 주간에 50,000달러를 우리 단체에게 기부할 마음을 그에게 주셨다고 했습니다. 그 시기에 우리는 새 건물을 마무리하기 위해서 추가로 재정이 필요하다고 생각하고 있었는데 50,000달러면 엄청난 도움이 될 액수였습니다. 목사님은 성도들 앞에서 "하나님께서는 심는 자에게 씨를 주신다"는 고린도후서 9장 10절 말씀을 읽으셨습니다. 그런 다음 이렇게 물으셨습니다. "하나님께서 돈을 주신다면 이번에 1,000달러를 헌금하실 분, 계십니까?" 약 50명이 일어서서 하나님께서 돈을 주시면 헌금을 하겠다고 말했습니다. 그러자 목사님께서 재정이 그들에게 들어오도록 기도해주셨습니다.

이틀도 안 되어서 일어났던 사람들 중 몇 사람에게 하나님의 초자연적인 공급이 있었다는 간증이 나왔습니다. 딱 1,000달러만 생긴 사람은 한 사람도 없었습니다. 하나님께서는 그들에게 2, 3천 달러씩 공급해 주셨으며 그래서 그들이 1,000달러를 헌금한 후에도 많은 돈이 남게 되었습니다. 얼마나 놀라운 일인지요! 하나님께서는 다른 사람들만을 축복하라고 당신에게 돈을 넉넉히 주시는 게 아닙니다. 하나님은 언제나 여분의 것으로 당신에게 축복을 주십니다.

그 목사님은 그 다음 월요일 밤에 헌금을 거두기로 했습니다. 그날 일어서서 1,000달러를 헌금하고자 했던 사람들 가운데 한 사람은 저축해놓은 돈에서 헌금을 하려고 했는데 월요일 아침에 직장에 나갔더니 승진이 되었지 뭡니까? 자세한 내용은 제가 잊었지만 그의 월수입이 4,000달러 정도 뛰어올랐습니다! 1,000달러를 한 번만 헌금하기 원했는데 하나님께서는 그의 연봉을 올려주신 것입니다.

간증들이 꾸역꾸역 밀려들어오자 헌금하신 분들이 헌금을 드림으로 돈을 잃은 것이 아니라 실제로는 돈을 벌었다는 것을 다른 성도들이 깨닫기 시작했습니다. 갑자기 다른 성도들도 들떠서 "나도 1,000달러를 헌금하기로 서약하고 싶다"고 했습니다. 후에 제가 이해한 바에 의하면 그 간증을 들은 뒤에 헌금을 작정한 사람들 가운데 하나님께서 그들에게 재정을 더 해주셨다는 경우는 많지 않았습니다. 그 이유는 그들의 동기가 잘못되었기 때문이라고 생각합니다. 그들은 헌금을 함으로써 하나님의 나라를 첫 번째 자리에 두려고 하지 않았습니다. 그저 여분의 돈을 더 벌어보려고 했던 것입니다. 그건 이기적인 것입니다. 바울이 고린도 교인들에게 보낸 편지의 또 다른 구절을 보면 사랑의 동기로 헌금하지 않을 경우 헌금이 아무런 유익을 주지 못한다는 말이 있습니다. 설령 당신의 모든 물건을 다 드려 가난한 자들을 구제한다고 할지라도 말입니다 (고전 13:3).

우리가 재정을 올바르게 이해하게 되면 부요란 우리 자신을 위한 것이 아니라는 사실을 깨닫게 됩니다. 부요는 다른 사람들을 축복하기 위함입니다. 지금은 당신이 그런 자세가 아닐지라도 태도를 바꾸게 되면 하나님께서는 심는 자에게 반드시 씨를 주신다는 것을 현실적으로 경험하게 될 것입니다. 이기심은 부요를 방해합니다. 이기심은 우리의 모든 자원을 자기 자신만을 위해 소모시키게 하려 하기 때문입니다. 그것은 우리를 눈에 보이는 것이라면 전부 다 빨아들이는 진공청소기 같은 존재로 바꾸어버립니다. 우리는 그 반대가 되어야 합니다. 그리스도인은 민들레 이파리를 불어 날리는 자같이 되어야 합니다. 돈을 사방으로 주는 자 말입니다. 우리는 주는 기회를 찾고자 노력함으로써 하나님을 닮은 자가 되어야 합니다. 그리고 우리가 어떻게 축복의 근원이 될 수 있는지 보여 달라고 하나님께 물어야 합니다.

또 우리가 마음에 새겨야 할 한 가지는 하룻밤에 부요해지지 않는다는 점입니다. 이기적인 어떤 사람에게 무슨 일이 있었다고 해서 금방 마음이 후한 백만장자로 변화되지는 않습니다. 첫째, 씨를 심는 것과 거두는 것 사이에는 시간이 걸립니다. 열매는 바로 다음날 열리지 않습니다. 둘째, 돈에는 힘이 있습니다. 당신에게는 부요의 힘을 조종할 능력이 지금 당장은 없을지 모릅니다.

하나님은 당신에게 필요한 것들이 있다는 사실을 아십니다. 또 하나님께서는 당신도 돌보시기 원하십니다. 기억하십시오. 하나님은 당신이 가진 모든 재정을 당신 자신에게 소비하지 않는 한 당신이 좋은 집에 살고 멋진 차를 소유하는 것을 싫어하지 않으십니다. 당신이 주고 드리는 자의 태도를 가지고 어느 정도의 기간에 걸쳐 행한다면 하나님께서 당신의 재정을 증가시켜주실 것입니다. 만일 하나님께서 당신을 통해 다른 사람들에게 돈을 나눠줄 수 있다고 판단하시면 당신에게 그 돈을 가져다 주실 것입니다. 머지않아 당신에게도 남은 것이 많을 것입니다.

07

십일조

저는 십일조는 강제적이라고 믿도록 가르침을 받았습니다. 소득의 십분의 일은 하나님께 빚진 것이며 만일 그것을 지불하지 않으면 저주를 받는다고 배웠습니다. 십일조를 하지 않는 것은 하나님의 것을 도둑질하는 것이라고 배웠습니다. "당신은 하나님의 것을 도둑질하고 있으니 하나님은 당신을 벌할 것입니다." 이런 말을 한두 번은 들었을 것입니다. 다행스럽게도 그런 말은 전혀 사실이 아닙니다. 하나님께서는 우리의 공적과 상관없이 우리를 사랑하십니다. 그 공적에는 우리가 십일조를 하느냐, 안 하느냐도 포함되어 있습니다. 신약의 헌금은 빚이나 의무가 아닙니다.

이것이 곧 적게 심는 자는 적게 거두고 많이 심는 자는 많이 거둔다 하는 말이로다 각각 그 마음에 정한 대로 할 것이요 인색함으로나 억지로 하지말지니 하나님은 즐겨 내는 자를 사랑하시느니라 고후 9:6,7

어떻게 이 구절을 읽으면서도 아직도 우리가 십일조의 의무를 지고 있다거나 십일조를 드리지 않을 경우 저주를 받는다고 생각할 수 있는지 모르겠습니다. 이 구절은 우리가 "인색함으로나 억지로" 헌금해서는 안 된다고 말합니다. 만일 당신이 십일조를 하는 이유가 저주 아래 놓이기를 원치 않아서라면 당신은 억지로 하는 것이며 그것은 즐겨내는 것이 아닙니다. 그것은 하나님의 입을 막기 위해 돈을 드리는 것이나 같습니다.

조직폭력배가 보호를 해 준답시고 가게들로부터 돈을 뜯어내고 다니는 것을 우리는 압니다. 그들은 가게로 들어와서는 이 지역에 도둑이 들었고 화재가 발생했지만 매달 현찰로 얼마씩 낸다면 당신의 가게에는 아무런 일도 없도록 해주겠다는 식으로 이야기를 합니다. 물론 도둑질을 하고 불을 내는 사람들은 바로 그 사람들입니다. 그러나 당신이 그들에게 돈을 주면 괴롭히지 않겠다는 뜻이지요. 어떤 의미에서는 십일조를 하지 않으면 저주 받는다는 설교와 비슷합니다. 당신의 삶에서 저주가 닥치는 것을 막으려면 십일조를 해야 한다고 말하는 것입니다. 십일조를 하나님 아버지God the Father께 드리는 것이 아니라 대부Godfather에게 바치는 것과 같습니다. 당신도 그런 이유로 헌금을 한다면 위 구절에서 말씀하신 동기를 완전히 위반하고 있는 것입니다.

하나님께서는 즐겨 내는 자를 사랑하시기 때문에 우리는 인색함으로나 억지로 헌금하지 말라는 말씀을 위에서 함께 보았습니다. 새 언약 아래에서 헌금을 드리는 주된 동기는 즐거운 마음이 되어야 합니다. 우리는 드리고 싶어서 헌금을 해야지 하나님의 입을 막으려고 해서는 안 됩니다.

사도 바울은 고린도후서 9장, 헌금 장에서 그의 가르침을 이런 말로 끝을 맺습니다. "말할 수 없는 그의 은사로 말미암아 하나님께 감사하노라."(15절) 이 말씀은 우리가 새 언약 하에서 왜 주님께 돌려드려야 하는지 그 이유를 요약해줍니다. 주님께서 이미 한량없는 은혜를 우리에게 주셨기 때문입니다. 하나님께서 우리에게 모든 것을 공급해 주셨으니 헌금은 사실 하나님께서 우리를 위해 행하신 모든 것에 대한 감사의 표현입니다. 사랑의 동기로 행하지 아니하면 우리가 무엇을 하든지 아무런 유익이 없다고 성경은 말씀합니다(고전 13:3). 다시 말씀 드리지만 헌금을 드리는 동기가 헌금 그 자체보다 더 중요합니다.

어떤 사역자들은 십일조에 대해 크게 잘못 가르치고 있습니다. 그들은 십일조를 하지 않으면 저주를 받는다는 말을 계속 되풀이하며 하나님의 진노를 말합니다. 그분들을 실망시키고 싶진 않지만 성경은 우리가 "율법의 저주에서 속량받았다"고 합니다(갈 3:13). 십일조를 하지 않았다고 하나님께서 당신에게 화내지 않으십니다. 십일조를 하지 않는 것은 지혜롭지 못하다고 생각합니다만 당신이 십일조를 하지 않아도 하나님은 여전히 당신을 사랑하실 것입니다.

어떤 사람들은 십일조를 하지 않으면 저주를 받는다는 가르침에 반발하여 완전히 정반대 방향에서 십일조는 구약 시대의 것이기 때문에 오늘날 우리의 삶과는 아무런 관계가 없다고 생각합니다. 저는 그 말을 사실이라고 생각하지 않습니다. 우리가 십일조를 하지 않는다고 저주를 받는 것은 아니지만 십일조는 여전히 우리의 최고 관심사입니다.

십일조가 성경에서 맨 처음 언급된 것은 아브라함이 살렘 왕 멜기세덱에게 십일조를 드렸을 때였습니다(창 14:20). 이것은 아브라함이 어떤 누구도 자기들이 아브라함을 부요하게 했다고 하길 원치 않았기 때문에 소돔 왕의 돈을 거절했던 때의 일이었습니다(23절). 부는 오직 하나님의 축복으로부터 온다는 것을 아브라함은 알았습니다. 이 사건은 모세가 이스라엘 백성들에게 율법을 전달하기 400여 년 전에 일어났습니다.

우리는 율법의 저주에서 속량 받았으며 십일조라는 율법주의의 속박 하에 있지 않습니다. 하지만 또한 우리가 인정해야 할 것은 십일조란 율법이 주어지기 전의 성경적인 원리였다는 사실입니다. 아브라함은 율법 아래에서 살지 않았음에도 십일조를 했습니다. 저는 우리 역시도 십일조를 해야 한다고 믿습니다. 사실상 십일조는 출발점이라고 생각합니다. 우리가 새 언약 하에서 가지는 모든 것은 옛 언약보다 훨씬 더 뛰어납니다. 그러므로 우리는 율법 하에서 요구되는 것보다 더 많이 헌금해야 한다고 저는 생각합니다.

십일조에 대해 가르치는 구절로 사용되는 말라기의 말씀을 살펴봅시다.

사람이 어찌 하나님의 것을 도둑질하겠느냐 그러나 너희는 나의 것을 도둑질하고도 말하기를 우리가 어떻게 주의 것을 도둑질했나이까 하는도다 이는 곧 십일조와 봉헌물이라 너희 곧 온 나라가 나의 것을 도둑질하였으므로 너희가 저주를 받았느니라 만군의 여호와가 이르노라 너희의 온전한 십일조를 창고에 들여 나의 집에 양식이 있게 하고 그것으로 나를 시험하여 내가 하늘 문을 열고 너희에게 복을 쌓을 곳이 없도록 붓지 아니하나 보라 만군의 여호와가 이르노라 내가 너희를 위하여 메뚜기를 금하여 너희 토지 소산을 먹어 없애지 못하게 하며 너희 밭의 포도나무 열매가 기한 전에 떨어지지 않게 하리니 말 3:8-11

거의 모든 사람들이 십일조에 대해 가르칠 때 이 대목을 인용합니다. 보통 이 말씀은 사람들을 쳐서 복종시키는 회초리 같이 사용됩니다. 그러나 옛 언약 하에서 율법에 불순종함으로써 받는 징벌과 신약 시대에 우리가 덧입고 사는 은혜 사이에는 커다란 차이가 있습니다. 오늘날 십일조를 드리는 동기는 하나님께서 우리의 삶에서 행하신 것에 대한 감사에서 나옵니다. 그것은 다른 사람들을 축복하려는 소원을 가지고 마음으로부터 사랑의 반응으로서 나와야 합니다. 율법을 지키기 위한 노력으로서 십일조를 드려서는 안 됩니다. 율법을 지키려고 시도하는 것 자체가 좋은 생각이 못됩니다.

무릇 율법 행위에 속한 자들은 저주 아래에 있나니 기록된 바 누구든지 율법 책에 기록 된 대로 모든 일을 항상 행하지 아니하는 자는 저주 아래에 있는 자라 하였음이라 갈 3:10

모든 율법을 다 지키지 않으면 당신은 저주 아래에 있는 것입니다. 그 중 일부만 지키는 것은 아무 소용이 없습니다. 또한 당신이 최선을 다하고 나면 하나님께서 모자란 부분을 채워주시거나 할 수도 없습니다. 율법을 문자 그대로 다 지키지 않으면 당신은 저주 아래 있는 것입니다! 그래서 예수님이 오신 것입니다. 우리는 절대적으로 율법을 지킬 수 없기 때문입니다. 그것은 불가능합니다. 십일조를 하지 않으면 저주 받는다고 하는 사람들은 이 점을 놓치고 있습니다. 하나님의 은혜를 신뢰하든지 아니면 예수님의 희생을 거절하고 자신의 공로를 의지함으로 하나님의 은혜를 잃어버리든지 둘 중 하나입니다. 율법으로 하려면 100% 완벽해야 합니다. 평생 동안 생각이나 말이나 행위에서 단 한 번의 실수도 해서는 안 됩니다. 그렇지 않다면 당신은 스스로 겸비하여 하나님의 은혜의 선물을 받아들여야 합니다. 십일조를 드림으로 율법을 만족시키려는 것은 어떤 도움도 되지 않습니다.

또 하나님 앞에서 아무도 율법으로 말미암아 의롭게 되지 못할 것이 분명하니 이는 의인은 믿음으로 살리라 하였음이라 율법은 믿음에서 난 것이 아니니 율법을 행하는 자는 그 가운데서 살리라 하였느니라 그리스도께서 우리를 위하여 저주를 받은 바 되사 율법의 저주에서 우리를 속량하셨으니 기록된 바 나무에 달린 자마다 저주 아래에 있는 자라 하였음이라 이는 그리스도 예수 안에서 아브라함의 복이 이방인에게 미치게 하고 또 우리로 하여금 믿음으로 말미암아 성령의 약속을 받게 하려 함이라 갈 3:11-14

그렇습니다. 우리는 율법의 저주에서 속량받았습니다! 이 구절은 더 없이 분명합니다. 말라기 3장의 그 구절은 사실 당신이 십일조를 하지 않으면 "저주로 저주를 받은 것cursed with a curse"이라고 말합니다. 그러나 우리는 그 저주로부터 속량 받았습니다. 당신이 십일조를 하지 않는다고 하나님께서 당신을 벌하실 것이라는 태도는 완전히 비성경적입니다. 제가 어렸을 때 다녔던 교회는 우리가 십일조를 하지 않으면 하나님께서 병원비가 들게 하여 우리에게서 가져가실 거라고 가르치곤 했습니다. 그렇지 않으면 하나님께서 우리 차를 망가지게 하거나 세탁기가 고장나게 하거나 그와 비슷한 일들이 일어나게 하실 거라고 했습니다. 새 언약 하에서는 하나님이 그런 식으로 우리와 관계하지 않으십니다. 그리스도께서 율법의 저주에서 우리를 자유케 하셨습니다. 하나님은 당신을 대적하지 않으십니다. 하나님은 당신이 십일조를 하지 않는다고 당신의 돈을 빼앗아

가지 않으십니다. 조직폭력배를 대하듯 하나님의 입을 막으려고 돈을 드리려고 하는 것은 잘못된 동기입니다. 그런 종류의 헌금으로는 유익을 얻지 못할 것입니다.

말라기 3장 8-11절에서 십일조와 함께 봉헌물에서도 하나님의 것을 도둑질함으로 저주가 온다고 한 것 역시 언급할 가치가 있습니다. 이 구절을 가지고 율법의 관점에서 십일조에 대해 가르치는 사역자들은 율법을 지키기 위해서는 봉헌물도 드려야 한다는 것을 쉽게 빼버립니다. 제가 직접 계산해 본 적은 없지만 다른 목사님들의 말을 빌어보면 당시 봉헌물이 십일조 이상으로 많았다고 합니다. 봉헌물이 많기 때문에 전부 합하면 필수적인 헌금이 전체의 33%를 넘기도 했었습니다. 그러므로 율법을 따라 살려면 적어도 그 정도 헌금하지 않으면 당신은 저주 아래 있는 것입니다.

제가 십일조를 하지 않아도 저주 아래 있는 게 아니라고 하니 많은 사람들이 저를 비난했지만 말라기 3장이 십일조뿐만 아니라 봉헌물도 언급하고 있다고 지적하면 그들은 아무 말도 하지 못합니다. 장담하건대 십일조의 저주에 대해서 아주 완강한 대부분의 사람들도 33%를 헌금하지는 않습니다. 십일조를 하지 않으면 저주를 받는다고 말하면서 같은 구절의 봉헌물을 제외시키는 것은 위선입니다. 그리스도께서 율법의 저주에서 우리를 속량하셨습니다. 그러므로 우리는 새 언약 하에서 십일조를 하지 않는다고 저주를 받지 않습니다.

우리가 헌금하는 동기는 즐거운 마음이어야 합니다만 왜 십일조가 유익이 되는지 자연적인 이유도 알아야 합니다. 그것은 농작물을 거두기 위해 씨를 뿌리는 농부와도 같습니다. 하나님께서는 당신에게 씨를 주십니다. 그러면 당신은 그 씨를 가지고 어떻게 할 것인지 선택을 해야 합니다. 하나님께서 당신에게 주신 그 씨를 몽땅 다 먹어 버릴 수도 있고 그 중 일부를 심어서 이듬해에 먹을 것을 확보해줄 농작물을 거둘 수도 있습니다. 씨를 심으면 미래의 농작물이 보장되듯 십일조는 당신의 미래에 재정을 가져다 줍니다. 영원한 유익은 말할 것도 없고요. 돈은 씨와 같습니다. 그래서 당신에게 들어오는 돈을 한 푼 한 푼 다 써버린다면 당신의 미래에 투자하고 있지 않는 것입니다.

만일 당신이 씨를 몽땅 다 먹어버린다 해도 하나님은 당신을 사랑하십니다. 그러나 돈이 바닥날 때 놀라지 마십시오. 당신의 필요를 채워주지 않는다고 하나님께 울부짖지만 씨를 몽땅 다 먹어버린 것은 당신이지 하나님의 잘못이 아닙니다. 하나님께로부터 온 공급의 일부를 떼어내어 당신의 미래에 심는 훈련을 해야 합니다. 십일조는 하나의 출발점입니다. 궁극적으로는

10% 이상 헌금하고 싶은 마음을 가져야 합니다. 기억하십시오. 하나님은 당신이 9%를 하든, 11%를 하든, 혹은 헌금을 전혀 하지 않든, 여전히 당신을 사랑하실 것입니다. 십일조는 하나님과 당신의 관계에 아무런 영향을 줄 수 없지만 그래도 십일조에는 여전히 유익이 있습니다.

하나님 아버지께서 그분의 모든 진노를 예수님께 쏟으셨습니다. 그러므로 하나님은 십일조를 하지 않는다고 당신에게 화를 내지 않으십니다. 하나님은 심지어 기분 나빠하지도 않으십니다. 우리가 저주 받지 않게 하려고 예수님께서 저주가 되셨습니다. 우리는 더 이상 율법의 속박 아래에 살지 않습니다. 우리는 하나님을 기쁘시게 하려고 십일조를 하지 않습니다. 하나님께서 우리를 위하여 행하신 모든 일에 대한 감사로서 십일조를 합니다. 또 십일조를 하는 것이 지혜로운 일이기 때문에 하는 것입니다. 십일조와 관련하여서는 더 이상 징벌이 없으며 그것이 하나님께서 우리를 보시는 관점에 전혀 영향을 주지 못한다는 것은 아무리 강조해도 지나치지 않습니다.

그러나 십일조를 하지 않는 것에 대한 징벌이 제거되었다고 해서 그것이 우리가 헌금을 드리지 말아야 한다는 뜻은 아닙니다. 그것은 부모가 자녀들을 가르칠 때 벌을 줌으로써 바른 행동을 하게 하거나 또는 벌을 주겠다고 위협함으로써 아이들로 하여금 규칙을 지키게 하는 방법과 비슷합니다. 저는 차가 많이 다니는 도로 옆에서 자랐는데 어머니께서는 제가 양쪽 길을 모두 살펴보지 않고 건너면 매를 대겠다고 위협을 하시곤 했습니다. 실제로 어머니가 매를 대실 일을 만든 적도 있었지요! 어머니가 그렇게 하신 것은 저를 사랑했기 때문이며, 제가 자동차에 치이는 것을 원치 않았기 때문입니다. 저의 어머니는 더 이상 저에게 매를 댈 일이 없으십니다. 그래도 저는 지금도 차도를 건너기 전에 양쪽 길을 모두 살핍니다. 그렇게 하는 것이 지혜로운 일이기 때문입니다.

이것은 옛 언약 하에서 하나님이 이스라엘과 관계하는 방법과 새 언약 하에서 그리스도인들과 관계하는 방법 간의 차이와 같습니다. 구약의 사람들은 왜 어떤 것들은 하고 또 어떤 것들은 하지 말아야 하는지 이해할 만한 영적 능력이 없었습니다. 자연적인 마음mind으로는 하나님의 일들을 이해할 수 없기 때문입니다.

> 육에 속한 사람은 하나님의 성령의 일들을 받지 아니하나니 이는 그것들이 그에게는 어리석게 보임이요 또 그는 그것들을 알 수도 없나니 그러한 일은 영적으로 분별되기 때문이라
>
> 고전 2:14

모든 사람들이 예수를 믿음으로 거듭나기 전까지는 다 그렇듯 율법 아래에 있는 사람들은 영적으로 죽은 자들이었습니다. 하나님께서는 경건한 행실의 영적인 유익을 그들에게 설명할 수 없었습니다. 그래서 어떤 의미에서는 하나님께서 그들을 마치 어린 아이들처럼 다루셨고 그들이 스스로를 해하지 못하도록 징벌의 위협을 가했습니다. 이제 걸음마를 시작한 아이에게 논리적인 설명을 할 수 없습니다. 그렇다고 20세가 될 때까지 기다렸다가 옳고 그름의 차이를 가르칠 수도 없습니다. 그래서 그가 도리를 깨우치는 나이가 될 때까지 징벌을 도구로 사용하는 것입니다. 그러나 징벌은 일시적인 해결책에 지나지 않습니다. 당신이 50, 60이 되어서도 징벌이 두려워서 옳은 일을 하며 징벌이 없다면 옳은 일을 하지 않겠다는 자세를 가져서는 안 될 것입니다. 만일 당신이 그렇게 한다면 뭔가가 잘못되어도 너무 잘못된 일일 것입니다. 성인이 되면 행동에는 결과가 따른다는 것을 알기 때문에 옳은 일을 하게 됩니다.

인류의 역사가 바로 이렇습니다. 예수님이 오셔서 새로운 탄생을 가져오기 전에 사람들은 올바른 마음의 동기를 갖지 못했고 영적인 것들을 이해할 수 없었습니다. 그래서 하나님께서는 그들에게 어떻게 해야 하는지 말씀하시고 징벌로 그것을 시행하셨습니다. 그렇기 때문에 말라기에 이스라엘 백성들이 십일조를 하지 않으면 저주 아래에 있을 것이라고 말씀하신 것입니다. 그 구절을 보면 심지어는 믿지 않는 사람들도 위협을 받아 그대로 하지 않으면 저주를 받게 되므로 십일조를 하는 것이 최고 이익이 된다는 것을 깨닫지 않겠습니까?

우리는 거듭난 자들이요 하나님의 성령이 우리 안에 거하시기 때문에 하나님께서 저주를 제거해놓으셨습니다. 그것은 마치 우리가 이제는 성인이 되었으므로 하나님께서는 더 이상 체벌의 위협으로 우리를 처신하게 하려고 하지 않으시는 것과 같습니다. 한편 우리는 선한 마음에서 그리고 우리가 영적인 일들을 이해하기 때문에 옳은 일을 하는 것입니다. 제가 십일조와 봉헌물을 드리는 것은 그것이 제 믿음을 보여드리는 방법이요 하나님께서 저에게 주신 재정을 사용하여 하나님의 나라를 세우는 데 도움을 드리는 방법이기 때문입니다. 제가 십일조를 믿는 것은 마치 제가 길을 건너기 전에 지금도 도로 양쪽을 살피는 것과 같습니다. 저는 옛 언약 아래에서 사람들이 드렸던 것과는 다른 동기로 드리는 것입니다.

오래 전에 어떤 분이 의무감에서 드리는 헌금은 아무런 유익을 가져다 주지 않는다는 저의 설교를 듣고 그의 헌금 방식을 바꾸기로 결심했습니다. 그는 십일조를 1원까지 계산해서 정확하게 하는 그런 사람이었습니다. 즉 수입의 10%를 하나님께 드려야 한다는 의무감에서 십일조를 드렸던 것입니다. 그 때 그는 매달 3,000달러 정도를 벌고 있었습니다. 당시로서는 꽤나 많은 돈이었습니다. 그럼에도 불구하고 그는 항상 재정적으로 모자라는 것 같았습니다. 그러나 저의 설교를 들은 후에 그와 아내는 그들의 마음에 정한 대로 드려야겠다고 결정을 했습니다. 그는 십일조를 1원까지 계산하는 것을 그만두었습니다. 그냥 그들이 원하는 대로 얼마가 되든지 드리기를 시작했습니다.

6개월 후에 그는 은행 잔고에 예전보다 훨씬 더 많은 돈이 남아있는 것을 알게 되었습니다. 그에게 첫 번째 든 생각은, 틀림없이 내가 헌금을 줄였을 거야. 그가 마음을 바꾸기 이전에는 십일조를 세금처럼 냈습니다. 그는 십일조를 그의 다른 모든 부채와 같은 항목에 집어넣고 규칙적으로 매달 지출했습니다. 계정에 돈이 남아있다는 것은 그의 "십일조 청구서"를 지출하지 않은 것이 틀림없다고 생각했습니다. 그래서 지난 6개월 동안 도대체 얼마나 헌금을 했는지 확인해 보고자 했습니다. 그리고 그는 놀라서 기절할 뻔 했습니다. 헌금액이 수입의 24%까지 올라가 있었습니다. 그는 여태까지 해왔던 헌금액의 두 배 이상을 드리고 있었던 것입니다. 그런데도 그는 이전보다 더욱 부요해졌습니다. 하나님께서 그를 초자연적으로 잘되게 하셨기 때문입니다.

인색함으로나 억지로 헌금을 하거나 또는 온전한 헌금을 하지 않으면 하나님께서 당신의 무릎을 부러뜨릴 것이라 생각하기 때문에 헌금을 한다면 아무런 유익을 얻지 못합니다. 그런 종류의 헌금에서는 얻는 이익이 제로입니다. 당신의 돈을 받는 곳에는 이익이 되겠지만 당신에게 돌아오는 것은 없을 것입니다. 그런 종류의 헌금이나 기부는 당신의 미래에 아무런 영향을 주지 못할 것입니다. 당신이 드린 헌금이나 기부에 열매를 보고 싶다면 구약의 의무감에서 벗어나서 즐거운 마음으로 드리십시오.

예수님께서 말씀하셨습니다. "주라 그리하면 너희에게 줄 것이니 곧 후히 되어 누르고 흔들어 넘치도록 하여 너희에게 안겨 주리라 너희가 헤아리는 그 헤아림으로 너희도 헤아림을 도로 받을 것이니라."(눅 6:38) 그러나 만일 이 말씀이 부요에 대한 전부라고 한다면 거의 모든 그리스도인들이 부자가 될 것입니다. 만일 당신이 해야 할 일이란 오직 드리고 주고 헌금하는 것 뿐이며 그것이 당신에게 백 배로 돌아오게 된다면 모든 교회는 백만장자들로 초만원을 이룰 것입니다. 만일 당신이 평생토록 헌금하고 기부한 모든 돈을 가지고 그것을 백 배로 증식시킨다면 그 총액에 당신은 깜짝 놀라게 될 것입니다. 당신이 일만 달러를 드릴 때마다 백만 달러가 되돌아오게 됩니다. 그렇다면 왜 모든 그리스도인들은 그렇게 돌아오는 것을 경험하지 못하는 것입니까? 그 이유는 당신이 돈을 드리는 동기가 그 돈 자체보다 더 중요하기 때문입니다.

오랫동안 성실하게 헌금을 해 왔음에도 불구하고 잘못된 동기를 가지고 하고 있는 것입니다. 그들은 의무감에서 십일조를 해야 한다는 가르침을 받았습니다. 그리고 세금 내듯 헌금을 드리거나 하나님을 만족시켜드리려고 헌금을 해왔습니다. 그런 헌금은 그것을 받은 곳에는 이익을 가져다 주지만 이 땅의 삶에서 당신에게는 이익을 가져다 주지 못할 것입니다. 그런 헌금에는 백배로 돌아오는 것이 없을 것입니다. 당신이 잘못된 동기로 헌금을 드릴 때 당신의 헌금이 파멸되기 때문에 사랑의 동기에 의해 즐거운 마음으로 당신의 재정적인 씨를 심어야 합니다.

십일조는 거룩한 것이며 따라서 모든 그리스도인은 십일조를 드려야 한다고 저는 믿습니다. 구약 시대의 사람들은 십일조를 해야 했기 때문에 의무감에서 드렸습니다. 그러나 우리의 헌금은 우리에 대한 하나님의 사랑의 계시에서 흘러나와야 합니다. 그리스도인은 십일조를 면제 받았다거나 우리는 주님께 돌려 드릴 필요가 없다는 뜻으로 오해하는 분이 하나도 없기를 바랍니다. 제가 드리는 말씀은 우리의 동기를 깨끗하게 해야 한다는 말씀입니다. 사실 저는 구약의 신자들이 10%를 드렸다면 신약의 성도들은 최소한 그 정도는 드려야 한다고 생각합니다. 그러나 또한 우리는 즐겁게 드리는 것을 배워야 합니다.

잘못된 동기로 드리면 우리의 헌금이 무효가 되기 때문에 잘못된 태도로 10%를 드리기보다는 즐거운 마음으로 1~2%를 드리는 것이 더 낫습니다. 당신에게 100개의 씨가 있다고 칩시다. 그 씨 중 10개를 심어서 아무것도 자라지 않는 게 더 나을까요 아니면 실제로 농작물을 생산하는 씨 한 개를 심는 것이 더 나을까요? 씨 10개를 심어서 아무런 생산물도 내지 못하는 것보다는 열매를 내는 씨 한 개를 심는 것이 더 나을 것입니다. 당신이 드리는 헌금도 그와 똑같습니다. 10%를 드려 아무 유익이 없는 것보다는 올바른 동기로 적은 금액을 드리는 것이 더 나을 것입니다. 그렇게 하면 올바른 동기로 드린 헌금에서 돌아오는 것을 보게 될 때 당신의 믿음도 세워질 것입니다. 주님께서 이에 대해 말씀하신 것을 앞에서 살펴보았습니다.

> 만군의 여호와가 이르노라 너희의 온전한 십일조를 창고에 들여 나의 집에 양식이 있게 하고 그것으로 나를 시험하여 내가 하늘 문을 열고 너희에게 복을 쌓을 곳이 없도록 붓지 아니하나 보라 말 3:10

제가 알기로 주님이 "나를 시험하라"고 하신 것은 이 말씀이 유일합니다. 주님께서 이렇게 말씀하고 계신 것입니다. "그걸 시험해봐, 그리고 그것이 되는지 안 되는지 확인해보아라!" 주님께서 말씀하신 그 밖의 것은 거의 모두가 명령이었습니다. 너는 이것을 하라, 저것을 하지 말라. 그런데 십일조에 와서는 "나를 시험하라"고 말씀하셨습니다. 제 생각에 주님께서 이렇게 말씀하신 것은 사람들이 그들의 생존에 필요한 것의 일부를 떼어서 드리라고 하면 그들이 겁먹을 것을 아셨기 때문이라고 봅니다. 당신에게 돈이 있어야 청구서를 지불하고 먹을 것을 사는데 보이지도 않는 하나님께 당신이 의지하는 것을 넘겨드린다는 것은 어렵습니다. 하나님께서는 우리의 그런 점을 아시기에 "나를 시험하라"고 말씀하신 것입니다.

  당신이 하나님을 신뢰할 수 있고 기쁨과 평안한 마음으로 드릴 수 있는 정도의 금액이 2~5%라면 그렇게 시작하는 것이 더 나을 것입니다. 당신이 즐거운 마음으로 드릴 수 있는 것이 그것이라면 거기서부터 시작하십시오. 두려움 가운데 십일조를 하기 보다는 즐거운 마음으로 적은 퍼센트를 드리는 것이 더 낫습니다. 궁극적으로는 10% 이상 헌금해야 한다고 저는 생각합니다만 마음이 편한 수준에서 시작하십시오. 즉, 당신의 마음이 정한 곳에서 시작하시면 됩니다(고후 9:7).

저는 10%를 드리는 사람들을 낙심시켜 헌금을 줄이라고 말하는 게 아닙니다. 제가 말하는 것은 헌금을 드리는 동기가 헌금의 양보다 더 중요하다는 뜻입니다. 그러므로 당신의 믿음이 세워져서 즐거운 마음으로 10%를 드릴 수 있을 때까지 후퇴해야 한다면 그렇게 하십시오. 하지만 결국 당신은 이렇게 생각하는 지점까지 이르러야 합니다. 하나님, 이건 하나님의 돈입니다. 제가 그것으로 무엇을 하기 원하십니까? 그 모든 것은 당신의 마음의 동기로 귀결됩니다.

두려움 때문에 헌금하는 것은 "인색함으로" 하는 것과 동일한 것이며 속임수와 정죄감에서 헌금하는 것은 "억지로" 하는 것과 동일합니다(7절). 그런 동기로 헌금 해봐야 당신에게 아무런 유익이 없습니다. 불행히도 교회나 기독교 방송에서 목사님들이 사람들을 조종하여 "억지로" 헌금하게 하는 설교를 이따금씩 들으실 것입니다. 저는 실제로 기독교 방송에서 어떤 사람이 누구든지 10분 안에 자기들에게 1,000달러를 헌금하면 하나님께서 하늘 문을 열고 온갖 축복들을 쏟아 부으실 것이라고 말하는 것을 들었습니다. 그건 헌금을 거두는 것이 아니라 뇌물을 받는 것입니다! 게다가 예수님께서 이미 우리를 위해 하늘 문을 열어놓으셨으며 우리가 무슨 일을 해도 그것을 바꾸지 못합니다. 아니나 다를까 10분이 지나자 그 목사는 이렇게 말했습니다.

"주님께서 7분 더 하늘 문을 열어놓으신 줄로 믿습니다." 이렇게 성도를 조종하여 헌금하게 하는 방법이 애처롭다 못해 우스꽝스럽습니다.

슬픈 사실은 그들이 이렇게 하는 이유는 그게 먹히기 때문입니다. 대체로 그리스도의 몸 된 교회들이 재정 문제에 아주 미숙하기 때문에 아무 일에나 속아 넘어가는 것입니다. 그래서 그 목사들은 그 반응을 보고, "아, 이게 되네! 또 해야지!"합니다. 이런 사람들이 수천만 달러를 버는 것은 성도들이 조종을 당하여 헌금을 하고 하나님의 축복을 돈으로 살 수 있다고 생각하기 때문입니다. 그들은 말합니다. "여러분은 5분 내로 헌금해야 합니다. 왜냐하면 그 후에는 하나님께서 축복을 중단하기 때문입니다." 그러나 하나님의 축복은 유효기간이 없습니다.

그리스도인은 그런 강요에 속아 넘어가서는 안 됩니다. 하나님께서 기뻐 받으시는 헌금이란 당신이 마음으로 정하고 인색함으로나 억지로가 아니라 즐겁게 드리는 헌금뿐입니다. 당신의 삶에서 율법의 저주를 몰아내기 위해 하나님께 보험료를 지불할 필요가 없는 것처럼 하나님으로부터 부요를 사거나 하나님을 강요하여 당신을 축복하게 해서도 안 됩니다. 그 모든 것은 속임수요 불량품입니다. 그런 동기로 헌금을 하면 당신에게 아무런 유익이 없습니다.

제가 열여덟 살이었을 때 텍사스의 어느 교단에 소속되어 있는 교회에 설교를 들으러 갔습니다. 그 강사가 이렇게 말했습니다. "여러분이 극장에 영화 보러 가면 3달러를 내고 입장을 할 겁니다. 나는 여러분이 이번에 헌금으로 20달러나 50달러를 하는 것은 원치 않습니다. 그저 여기에 계신 모든 사람이 3달러씩 헌금하기를 바랍니다." (영화 입장권이 3달러이니 이게 얼마나 오래 전 일인지 아시겠지요!) 그는 말했습니다. "모든 사람이 3달러를 가지고 내가 볼 수 있도록 각자의 손으로 높이 들어 보이세요. 만일 지금 없으면 옆 사람에게서 빌리세요. 모두가 3달러를 높이 들어 보일 때까지 기다리겠습니다."

저는 제 생애에서 그 때에 정말로 주님에 대해 막 불이 붙어 있었습니다. 그래서 맨 앞줄에 앉아 있었습니다. 저도 지갑에 3달러가 있었지만 그와 같은 헌금에는 참여하고 싶지가 않았습니다. 그래서 제가 팔짱을 끼고 맨 앞줄에 앉아서 그 목사님의 눈을 빤히 쳐다보면서 이런 생각을 했습니다. 목사님이 나를 지목하고 문제를 삼기만 해라. 나에게 기회가 주어지면 내가 이 교인들 앞에서 일어서서 당신을 책망하겠어! 그는 한 번도 저를 쳐다보지 않고 계속 사람들에게 각자의 3달러를 높이 들어 올리라고 압박을 가하고 있었습니다.

어떤 사람들은 제가 나쁜 태도를 가졌다고 생각할 수도 있을 것입니다. 그러나 그렇지 않습니다. 제가 그에게 반발한 것은 그런 종류의 속임수는 잘못된 것이라고 느꼈기 때문입니다. 당신이 굴복할 때마다 그것은 그런 사람을 지지하는 것이나 마찬가지입니다. 그런 사람이 권력을 잡으면 그를 그 자리에 있게 한 그 짓을 계속합니다. 그래서 만일 당신이 그런 사람을 지지하여 투표하게 되면 그가 어떻게 활동하는가에 대해 불평할 권리가 없어지게 됩니다. 그에게 권력을 갖게 해준 사람이 바로 당신이기 때문입니다. 마찬가지로 만일 그리스도의 몸인 교회들이 속임수를 쓰는 사람들에게 헌금을 중단하게 되면 그런 목사들은 사역을 그만둬야 될 것입니다. 강단에 서지 못하게 될 것입니다. 계속 사람들을 속일 수 있는 위치에서 떠나야 하는 것입니다.

그런 술책을 사용하는 기관들 여러 곳이 해마다 많은 돈을 벌었습니다. 그들은 어떻게 하면 사람들에게 영향을 미쳐서 그들을 헌금하게 만드는지 노하우를 압니다. 그것은 잘못된 것입니다. 그러나 우리가 올바른 동기로 헌금하는 법을 배우지 않으면 그들은 바뀌지 않을 것입니다. 기억하십시오. 성경은 우리가 사랑의 동기에서 헌금을 해야지 죄책감에서 해서는 안 된다고 말합니다. 하나님은 즐겨 내는 자를 사랑하십니다!

저는 여러분에게 헌금도 하고 십일조도 하라고 격려해 드립니다만 그것을 두려움이나 죄책감에서 하지는 마십시오. 하나님을 사랑하기 때문에, 또 하나님께서 당신을 위하여 행하신 그 모든 것에 감사를 표하기 위해 하십시오. 당신이 십일조를 드리는 동기를 깨끗하게 하여 마음에 정한 대로 드리기 시작할 때 당신의 헌금에 백 배로 돌아오는 것을 보게 될 것이라 믿습니다. 그리고 당신은 스스로 10% 이상 훨씬 더 많이 드리고 싶게 될 것입니다.

08

양식을 공급 받는 곳에 헌금하라

　십일조와 헌금을 어디에 드려야 하는지, 또는 그들이 드린 헌금이 어떻게 사용되어야 하는지에 대하여 혼란을 겪는 사람들이 많이 있습니다. 성경 말씀에 보면 "너희의 온전한 십일조를 창고에 들이라"(말 3:10)고 합니다. 구약에서 십일조는 하나님의 일을 위하여 드려졌습니다. 제물을 드리는 제사장에게 드려지거나 혹은 직접 성전에 (예루살렘에 사는 사람들을 위해) 드려졌습니다. 사람들이 드려야 할 다른 봉헌물들이 있었지만 십일조만큼은 직접 사역자들에게로 가져갔습니다. 그렇게 해서 하나님은 그분의 일을 하는 사역자들을 부양하셨습니다.

　대부분의 사역자들이 말라기 3장의 '창고'란 '자신이 출석하는 교회'라고 가르치며 선교단체나 기타 사회복지 사역단체들은 십일조 이외에 드려지는 헌금으로 지원받는 것이라고 가르칩니다. 세상이 완전하다면 그 부분에 동의하겠지만 우리가 사는 세상은 완전하지 않습니다. '창고'란 먹을 것을 두는 장소를 의미합니다. 구약 시대에는 창고에 고기를 매달아두고 곡물을 저장해두었으며 사람들이 배고플 때 창고에서 먹을 것을 꺼내 먹었습니다. 창고란 당신이 먹을 것을 공급 받는 곳이라 할 수 있으니 당신이 영적인 양식을 공급 받는 곳에 십일조를 드려야 하며 그곳은 당신이 출석하는 교회가 아닐 수도 있겠지요.

그러나 교회는 그냥 말씀만 가르치는 것이 아니라 그 외의 일도 한다는 사실을 우리는 인정해야 합니다. 교회는 지역사회를 돌보며 영적인 성장의 중요한 역할을 담당합니다. 교회에서 다른 성도들과의 교제를 통하여 이루어지는 성숙이 있으며 우리에게 그것이 필요로 합니다. 좋은 지역 교회는 우리 아이들을 양육하는데 도움을 주고 그 아이들이 다른 그리스도인 친구들과 만나는 장소를 제공합니다. 교회는 일대일 상담과 결혼 상담도 해 주며 목사님은 우리가 슬픈 일을 당하거나 힘든 시기를 겪을 때 잘 통과하도록 도움을 줍니다.

좋은 지역 교회는 기독교 방송을 통해 얻을 수 없는 것을 해 줍니다. 예컨대 저와 같이 방송을 통해 사역하는 사람에게

밤중에 전화를 해서 갑작스럽게 당한 일에 대해 도움을 얻을 수 없습니다. 저의 집에서 모임을 갖거나 다른 그리스도인들과 교제를 나눌 수도 없습니다. 또 사랑하는 이가 죽었을 때 제가 도와드릴 수도 없습니다. 그러므로 만일 당신이 말씀을 전하고 고아와 과부를 도우며 경건한 교회가 해야 할 것을 하고 있는 좋은 지역 교회에 다닌다면 그 교회에 십일조를 드려야 마땅합니다. 이에 대해서는 의문의 여지가 없습니다.

불행하게도 수많은 교회들이 하나님의 은혜에 대해 가르치지 않고 참된 복음을 전하지 않는다고 저는 생각합니다. 교회를 찾고 있는 사람들에게 가장 많이 받는 질문은 하나님의 사랑과 예수 그리스도께서 십자가에서 이미 완성하신 사역에 대해 가르치는 교회가 어디에 있느냐는 것입니다. 제가 보기에는 대다수 믿는 자들이 하나님의 참된 말씀을 전하는 교회에 다니지 않는 것 같습니다. 많은 사람들이 좋지 않다는 것을 알면서도 그 교회에 다니거나 그저 의무감에서 아니면 다른 선택의 여지가 없기 때문에 교회를 다니고 있습니다. 가족이 다니는 교회라서 또는 오랫동안 다니던 교회라 그냥 계속 다니기도 하겠지요.

사실, 많은 사람들이 복음에 완전히 반하는 것들을 전하는 교회에 다닙니다. 그들은 정죄감을 주고 치는 설교를 듣다못해 교회를 떠납니다. 교회가 마땅히 할 일과는 정반대인 일을 하는 것입니다. 십일조는 출석하는 교회에 해야 한다고 말하고서 좋은 교회란 성도들의 필요를 채워주는 곳이라고 정의하지 않는다면 그것은 잘못일 것입니다.

당신의 씨를 어디에 심느냐는 중요합니다. 사람들은 헌금을 드릴 때 하나님께서 그들의 마음만을 보시기 때문에 헌금을 받은 그 교회가 그 돈으로 뭘 하는지는 상관없이 아무튼 그들이 심었기 때문에 그에 대한 유익을 거둔다고 생각하는데 그렇지 않습니다. 그런 식의 태도는 심고 거두는 농부에겐 아주 형편없는 자세입니다. 당신의 씨를 포장된 도로에 던져놓고선 기름진 옥토에 심었을 때 얻게 될 결과를 기대해선 안 됩니다. 게다가 교회나 목회자에게 헌금할 때마다 당신은 그들의 처신에 대해 찬성하는 표를 던지는 것과 같습니다. 어떤 교회에 헌금을 할 때에는 그것이 좋은 일이든 나쁜 일이든 그들이 하는 일을 지원하고 돕는 것입니다. 그러므로 당신의 헌금을 어디에 드리느냐는 절대적으로 중요합니다.

교회가 완벽해야 한다고 말하는 것이 아닙니다. 그런 교회는 없습니다. 당신이 출석하는 교회가 항상 모든 것을 잘하지 않을지는 모르지만 진리를 전하고 공동체에 빛이 되고 있습니까? 그럴 경우 당신의 십일조는 그곳에 드려야 한다고 생각합니다. 지역 교회가 제공하는 것이 당신에게 필요하기 때문입니다. 그러나 당신이 교회에 가기 전보다 나올 때 더 기분이 나쁘다거나 그 교회가 말씀과 반대되는 주장을 하거나 공동체를 위해 하는 일이 하나도 없거나 하면 헌금을 함으로써 그런 것을 지지해서는 안 됩니다.

성경은 우리에게 십일조를 창고에 들이라고 말합니다. 그러므로 우리는 자기가 양식을 공급 받는 곳에 드려야 합니다. 헌금은 당신이 동의하지 않는 곳에 하고 공급은 당신이 물질로 전혀 후원하지 않는 사역단체로부터 받는 것은 잘못입니다. 그것은 어떤 식당에서 밥을 먹고 길 건너 다른 식당에 가서 음식 값을 내는 것과 같습니다. 그렇게 하면 안 되지요. 당신이 음식을 먹은 곳에다 돈을 내야 합니다. 영적으로 공급 받는 곳에 십일조를 드려야 합니다. 출석하는 교회에서 양식을 공급 받지 못한다면 그곳에 십일조를 드리지 말아야 합니다.

저는 사역으로 인해 이동을 많이 합니다. 한 달에 세 번 정도 주일을 다른 도시에서 보내는 일이 다반사입니다. 그래서 제가 출석하는 교회에 매주 가지는 못합니다. 제가 그 교회에 참석할 때는 거기에 헌금을 합니다. 그러나 그 교회에 저의 십일조를 전부 하지는 않습니다. 왜냐하면 일 년에 총 여섯 일곱 번 정도 참석하기 때문입니다. 저는 출타 중인 관계로 저의 교회에서 많은 공급을 받지는 못합니다. 또 아이들은 다 자랐습니다. 그래서 우리는 헌금을 여기저기 흩어서 합니다. 저는 제 소득의 10%

이상을 하나님께 드리지만 십일조와 헌금을 저의 교회와 저에게 영적 양식을 공급하는 다른 사역단체들에게 나누어 드립니다.

우리가 또한 유념해야 할 것은 영의 양식을 공급 받는 곳에만 헌금해서는 안 된다는 점입니다. 만일 그것이 헌금하는 유일한 이유라면 먼 나라에 가서 사역하는 선교사들은 아무런 물질적 후원이 없을 것이며 아무도 고아와 과부를 돌봐주지 못할 것입니다. 선교사들이 돕는 선교지의 사람들은 너무도 가난하여 그 선교사님을 물질적으로 지원할 수 없습니다. 그 선교사에게 공급을 받지는 않더라도 그 선교사가 복음을 전하는데 후원하는 재정적 동역자가 필요합니다. 그러므로 당신이 양식을 공급 받는 곳에 헌금하는 것이 십일조의 유일한 가이드라인은 아닐지라도 그것이 첫째가는 가이드라인이 되어야 한다고 저는 믿습니다.

당신의 십일조는, 아니면 적어도 그 중 일부는 당신에게 영의 양식을 공급하는 사역단체로 가야 합니다. 그러나 고아와 과부는 당신에게 사역하는 것은 아니지만 그들을 후원하고 헌금하는 것은 경건한 일입니다. 그것에 해당하는 것이 소위 구제benevolence giving입니다(딤전 5:3-10, 약 1:27). 선교 사역을 위해 쓰이는 헌금도 있습니다. 그러므로 당신이 영의 양식을 공급 받는 곳에 헌금을 전부 해야 한다는 것은 아닙니다만 대부분은 그곳으로 가야 합니다.

좋은 지역 교회는 다른 사역단체가 줄 수 없는 여러 가지 방법으로 당신에게 영의 양식을 먹일 것입니다. 그리스도의 몸은 지역 교회에 의존해 있습니다. 만일 우리의 필요를 채워줄 지역 교회들이 없다면 우리는 방송 사역자들(저도 그 중 한 사람입니다)에게만 의존하게 될 것이고 그렇게 되면 그리스도의 몸인 교회는 위기에 처하게 될 것입니다. 지역 교회는 몸의 척추와 같은 역할을 합니다. 좋은 교회에 등록을 해서 그곳에다 십일조를 드리는 것이 가장 좋습니다. 그러나 생명이 없는 교회에는 십일조를 드리지 마십시오.

우선, 생명이 없는 교회에 다니고 있다면 어서 그 교회에서 나오십시오! 복음을 전하는 교회를 직접 찾아보고 그 교회에 십일조를 드리고 그리스도의 몸인 다른 기관이나 단체들을 후원하기 위해 헌금을 사용하십시오. 어쩌면 지금 사는 곳이 선택의 여지가 많지 않은 시골 지역이거나, 배우자가 어떤 한 교회만 다니려고 하거나, 그 밖의 어떤 사정 때문에 참된 복음을 전하지 않는 교회에 계속 묶여 있을 수 있습니다. 어떤 이유로든 좋은 교회를 찾을 수 없거나 생명 없는 교회에서 빠져나올 수 없다면, 최소한 헌금을 전부 다 그곳에 하지는 마십시오. 생명 없는 교회라면 그곳에서 나오는 것이 제일 좋겠지요. 그러나 그렇게 할 수 없거나 하고 싶지 않을 때는 적어도 십일조를 나누어 드리십시오.

영의 양식을 공급 받는 곳에 헌금을 드린다는 원리는 매우 간단하며 믿는 자들이 그대로 따라준다면 많은 문제들이 해결되었을 것입니다. 사람들로부터 돈을 받아내려고 거짓말로 속임수를 쓰는 설교자들은 진정으로 그리스도의 몸을 먹이고 있는 게 아닙니다. 만일 우리가 그들에게 돈을 보내지 않았다면 그들은 사역을 그만두어야 했을 것입니다. 다른 길을 찾아갔었 겠지요. 그리고 참으로 그리스도인들을 먹이고 양육하는 사람들은 필요한 재정을 공급받을 것이고 또한 헌금하는 사람들의 재정도 풍족해졌을 것입니다. 좋은 교회들은 필요한 헌금을 모으기 위해 일일 찻집을 하거나 다른 기금 모금 행사로 시간을 낭비할 필요가 없었을 것입니다.

저희 단체의 말씀 방송은 매일 30억 명의 사람들이 시청할 수 있게 되어 있습니다. 그 중 몇 퍼센트가 실제로 시청하는지 모르지만 1%라고 해도 3천만 명입니다. 만일 3천만 명의 사람들이 저희 단체를 통해 말씀으로 격려 받고 세워지고 우리가 그들을 영적으로 먹이기에 그들이 우리 단체로 헌금한다면 그 돈을 어떻게 감당해야 할지 감이 잡히지도 않습니다. 현실은 우리 방송의 시청자들 중 아주 적은 퍼센트만이 저희 단체로 헌금을 합니다. 우리를 통해 영의 양식을 공급 받는 사람은 많지만 그들은 다른 곳에 헌금을 하고 있는 것입니다. 왜냐하면 자기가 영의 양식을 공급받는 곳에 헌금하는 이 단순한 원리를 모르기 때문입니다.

영의 양식을 공급 받는 곳에 헌금하는 것은 당신 자신에게도 중요합니다. 당신이 드린 헌금의 열매의 양은 당신이 심는 땅이 얼마나 열매를 많이 맺을 수 있는 땅이냐에 달려있습니다. 마치 콘크리트 바닥에 심는 것과 흙에 심는 것에 차이가 있듯 말입니다. 만일 당신이 진정으로 주님의 일을 성취하고 있지 않는 교회나 사역단체(콘크리트 바닥)에 헌금을 한다면 돌아오는 것은 손해나 보지 않을 정도에 그칠 것입니다. 열매를 잘 맺고 하나님의 말씀을 전하는 곳(흙)에 당신의 씨를 심을 때는 돌아오는 것이 훨씬 더 많을 것입니다. 당신에게 도와달라고 사정하거나 부담을 주는 곳이라든지 당신이 항상 헌금해왔던 곳이라는 이유에서 헌금을 하지는 마십시오. 당신이 공급을 받는 곳에 헌금을 하십시오. 창고에다 십일조를 들이십시오! 당신이 먹을 양식을 얻는 곳이라면 어디든지 거기가 당신이 헌금을 드려야 할 곳입니다. 얼마나 간단합니까!

당신에게 부담을 주고, 겁을 주고, 정죄하는 곳에는 헌금하지 마십시오. 실제로 한 번은 한 여성이 자기가 받은 편지를 들고 저를 찾아왔습니다. 이런 내용이었습니다. "사랑하는 스텔라, 하나님께서 오늘 새벽 3시에 나를 깨우시더니 당신의 이름을 알려주시면서 이렇게 전하라고 말씀하셨습니다. 당신이 나에게

1천 달러를 보내면 당신이 지금까지 구원받게 해달라고 기도해 왔던 그 사람들이 전부 구원을 받을 것이라고 하셨습니다." 그 편지에는 그녀가 돈을 조금 보내기만 하면 치유와 부요와 자유함을 얻는다고 약속하는 내용이 계속 이어졌습니다.

그녀는 가난해도 어떻게든 1천 달러를 모을 수는 있겠지만 정말 헌금을 해야 하는 건지 잘 모르겠고 확신이 안 든다고 저에게 말했습니다. 다른 한편으로는 헌금을 안 할 수도 없다고 했습니다. 왜냐하면 그 편지가 자기 이름으로 왔고 하나님께서 그녀에게 특별한 말씀을 주시려고 새벽 3시에 자기를 깨우셨다고 그 목사가 주장했기 때문입니다. 그녀가 말했습니다. "이걸 어떻게 해야 하나요?" "이렇게 하면 되지요." 하고 제가 그 편지를 받아서 조각조각 찢어버렸습니다. 컴퓨터로 작성한 똑같은 편지를 아마도 수천 명에게 보냈을 것이라고 설명을 해야 했습니다. 파렴치한 목사들이 그런 편지를 보내는 이유는 그리스도인들이 실제로 그들에게 돈을 보내기 때문입니다.

저도 이런 말을 하기 싫지만 제가 보기에 그리스도의 몸 된 교회들에서 드리는 헌금 대부분은 사정을 하거나 부담을 주어 감정적으로 강요한 것에 대한 반응으로 나오는 것 같습니다. 어떤 설교자들은 사람들을 속여서 온갖 경건치 못한 짓을 하여 많은 돈을 긁어모읍니다. 안타까운 것은 그리스도인들이 그런 것에 반응한다는 점입니다. 그리스도의 몸 된 교회들이 그런 설교자들에게 힘을 실어주고 후원금을 보내줌으로 그 모든 속임수를 계속적으로 가능하게 하고 있습니다. 그런 헌금을 통해서도 어떤 좋은 것이 나올 수도 있습니다. 하나님은 무엇이든 사용하실 수 있기 때문입니다. 그러나 그런 관행은 잘못된 것입니다. 만일 우리가 언제 헌금하고 왜 해야 하는지 성경적인 지침을 배운다면 사기꾼들은 사라지게 될 것입니다. 진정으로 하나님의 말씀을 전하는 사람들은 너무도 풍성해져서 다시는 돈에 대해 언급하지 않아도 될 것입니다.

하나님께서 당신의 필요를 채우실 것이라고 누군가 말했다고 해서 필사적으로 헌금하는 것도 경건치 못한 원리입니다. 어떤 의미에서 그것은 돈으로 기적을 사려고 하는 것과 같습니다. 사도행전은 그와 같은 짓을 하려고 했던 시몬에 대해 이야기를 하고 있습니다. 시몬은 사마리아의 마술사였는데 빌립이 전하는 복음을 듣고 거듭났습니다. 후에 베드로와 요한이 사마리아로 내려와서 그곳 사람들로 하여금 성령을 받도록 기도했습니다. 시몬은 베드로와 요한이 사람들에게 안수할 때 그들이 방언을 은사로 받는 것을 보았습니다. 시몬도 사람들에게 안수하여 그들이 성령을 받게 할 수 있으면 좋겠다고 생각했습니다. 그래서 베드로에게 돈을 주면서 그 은사를 달라고 했습니다. 겉으로 보면 선한 소원인 듯 보이지만 베드로는 다르게 반응했습니다. 그가 이렇게 말했습니다.

네가 하나님의 선물을 돈 주고 살 줄로 생각하였으니 네 은과 네가 함께 망할지어다 하나님 앞에서 네 마음이 바르지 못하니 이 도에는 네가 관계도 없고 분깃 될 것도 없느니라… 내가 보니 너는 악독이 가득하며 불의에 매인 바 되었도다

행 8:20,21,23

"악독이 가득하며 불의에 매인 바 되었다"는 말이 시몬이 실제로 거듭나지 않았다는 뜻인지 아니면 그의 마음이 잘못되었다는 뜻인지 확실히는 모르지만 어느 쪽이든 좋은 것은 아니지요. 시몬은 베드로에게 돈을 주면 하나님의 기름부음을 살 수 있을 것으로 생각했습니다. 그래서 베드로가 그를 책망했던 것입니다. 이것으로 우리도 하나님의 축복을 돈으로 사려고 한다면 우리의 마음이 바르지 못하다는 것을 알게 됩니다. 그러나 또한 하나님의 기적을 믿는 과정에서 얼마의 돈을 내어놓는 것이 당신에게는 믿음의 발걸음을 한 걸음 내딛는 행위가 될 수 있습니다. 기적을 일어나게 하는 것은 돈이 아니라 믿음으로 내딛은 발걸음입니다.

도와달라고 사정을 하면 많은 사람들이 거기에 반응해 헌금을 합니다. 그 이유 중 하나는 그들이 그렇게 배웠기 때문입니다. 제 아내 제이미와 제가 처음 콜로라도스프링스로 이사왔을 때 한 사람이 우리의 단체에 건물 하나를 기부하고 약 6개월 동안 무보수로 봉사해 주려고 오셨습니다. 당시에 우리는 말씀을 카세트테이프에 녹음하여 발송하곤 했습니다. 그분은 우리가 한 번에 2주 동안 받은 주문량을 처리하는 모습을 지켜보았습니다. 그러고는 돈이 떨어져서 다시 공테이프를 살 만한 돈이 모일 때까지 한두 주 기다려야 한다는 것을 알게 되었습니다. 그리고 테이프를 사면 주문 받은 테이프를 복사하여 주문을 처리하곤 했습니다.

진행되는 과정을 지켜보던 그가 저에게 물었습니다. 사역을 위해 추가로 재정이 절실히 필요한데 왜 그것을 사람들에게 알리지 않느냐고 말입니다. 그분은 이전 해에 우리 단체로 25,000달러를 기부했었다면서 자기는 언제나 헌금하기 전에 어디로 돈을 보낼 것인지 하나님께 묻는다고 했습니다. 그는 말하기를 우리 단체가 그의 삶을 완전히 변화시켜 주었기 때문에 기도할 때마다 첫 번째로 떠오른 사람이 항상 저였다고 했습니다. 그러나 제가 한 번도 헌금을 요청하지 않았기 때문에 그는 우리에게 헌금을 하지 않았다고 했습니다. 그가 누구에게 헌금했는지 아십니까? 항상 돈을 보내달라고 애걸하면서 자기에게 헌금하지 않으면 자기의 방송이 중단될 거라고 말하는 기독교 방송 목사에게 기부했다고 했습니다.

한참 후에 제가 바로 그 목사님이 운영하는 기독교 방송국에 게스트로 초대 받았는데 그 단체 대표가 이미 봉투에 넣어 밀봉된 수천 통의 편지들로 가득찬 방을 제게 보여주었습니다. 이제 봉투에다 우표와 주소를 찍어 발송만 하면 끝이었습니다. 그 편지는 사람들이 기부하지 않으면 자신의 단체에 재정적인 위기가 닥칠 것 같다는 내용이었습니다. 그들은 6개월 간격으로 그 편지를 발송했습니다. 그리고 앞으로 2년 동안 쓸 "위기 상황 편지"를 미리 인쇄해 놓았습니다. 그들은 아직까지도 위기를 맞지 않았습니다! 그것은 몽땅 다 거짓이요 속임수였습니다. 그들이 사정하면 사람들은 헌금을 했습니다.

구걸하는 곳에 헌금해서는 안 됩니다. 자신의 마음에 정한 대로 헌금을 해야 합니다. 뿐만 아니라 또한 우리가 영의 양식을 공급 받는 곳에 헌금을 해야 합니다. 속임수를 쓰는 사람들은 진정으로 하나님께 귀 기울이지 않습니다. 그들이 거듭나지 않았다는 것이 아니라 육신적이라는 뜻입니다. 그런 사람들은 사실 그리스도의 몸인 성도들을 먹이고 있지 않습니다. 우리가 그들에게 헌금을 안 하면 그들은 사라질 것입니다.

한번은 광고업자들이 제게 와서 우리 대신 편지를 발송해서 일백만 달러를 모금해주겠다고 장담했습니다. 당시 우리 단체의 수입이 월 80,000달러 정도 되었을 때였습니다. 우리는 추가로 재정이 필요했기에 그들에게 비행기 표까지 보내 그들을 만났습니다. 그들은 사람들을 반응하게 만들 글자 색과 모양, 또한 어떤 글귀를 강조할 것인지 그 방법 등을 저에게 말해주었습니다. 그들이 하는 일 전체가 과학에 근거한 것이었습니다. 그들은 또한 그 동일한 테크닉을 사용하여 두 달 전에 다른 사역자에게 2천만 달러를 모금해준 것도 저에게 설명했습니다.

제가 말했습니다. "우리도 2천만 달러를 쓸 곳은 많은데요. 그러면 편지에 뭐라고 쓸 겁니까? 어떻게 하려고요?"

그들이 말했습니다. "그건 저희들에게 맡겨주시면 됩니다."

"아닙니다," 제가 말했습니다. "무슨 말을 쓸 것인지 제가 알아야 합니다."

그래서 그들은 아이들의 배가 불룩 튀어나오고 그 위로 온통 파리들이 기어 다니는 사진을 어떻게 꾸밀 것인지 말해주었습니다. 우리 단체가 고아원을 후원하고 있다고 편지에 쓰겠다는 것이었습니다.

제가 말했습니다. "하지만 우리 단체는 고아원을 후원하지 않는데요." 그들이 말했습니다. "우리가 2천만 달러를 모금해드린 그분도 마찬가지에요."

저는 부정직한 수법을 사용하는 것에는 관심이 없다고 그들에게 말했습니다. 그들은 제가 일단 돈을 손에 넣으면 그 돈은 제가 원하는 대로 쓸 수 있지 않느냐고 주장했습니다. 그러나 저는 타협하지 않았습니다. 수백만 달러보다 정직이 더 중요합니다. 그래서 그들을 돌려보냈습니다. 그러나 그런 사람들이 존재하는 이유는 그들이 하는 일이 효과가 있어왔기 때문입니다.

때로 감정적으로 마음이 움직여 헌금을 하는 것은 괜찮습니다. 하지만 그것이 당신이 헌금하는 주된 동기가 되어서는 안 됩니다. 당신의 첫 열매를 드리되 영의 양식을 공급 받는 곳에 헌금하십시오. 당신의 삶에 진정으로 영향을 미친 사람들에게 헌금을 하십시오. 만일 그리스도의 몸인 교회와 성도들이 그렇게 한다면 진실하게 하나님의 말씀을 전하는 사람들은 풍성함이 넘칠 것이며 사기꾼들은 회개를 하든지 아니면 사역에서 퇴출되어야 할 것입니다. 또한 당신의 헌금에 따르는 수확도 증가할 것입니다. 마치 농부가 기름진 옥토에 씨를 심어 더 많은 열매를 거두듯이 당신이 하나님 나라의 일을 하는 사역단체에 씨를 심을 때 당신의 헌금은 더 좋은 열매를 거두기 때문입니다.

09

동역자

    부요에 대해 가장 잘 알려진 성경말씀 중 하나는 사도 바울이 빌립보 교회 성도들에게 보낸 말씀입니다. "나의 하나님이 너희 모든 쓸 것을 채우시리라."(빌 4:19) 우리는 그 구절이 세상 모든 사람에게 적용되는 듯 가르치는 것을 종종 듣게 됩니다. 하나님께서 당신의 모든 필요를 채우기 원하신다는 것은 사실이며 그것에 대한 말씀이 많이 있습니다. 하나님께서 공중의 새들과 들의 백합화를 어떻게 기르시는지에 관한 말씀이 그 중 하나입니다(마 6:25-30). 그러나 이 구절은 바울이 복음을 전파하는 일에 협력한 특정한 사람들에게 쓴 것입니다. 특별히 동역함partnership에 주어지는 축복에 관해 이야기한 것입니다.

바울은 그의 서신 앞부분에서 이렇게 말했습니다.

> 내가 너희를 생각할 때마다 나의 하나님께 감사하며 간구할 때마다 너희 무리를 위하여 기쁨으로 항상 간구함은 너희가 첫날부터 이제까지 복음을 위한 일에 참여하고 있기 때문이라 빌 1:3-5

5절에서 참여fellowship로 번역된 단어는 헬라어 코이노니아 koinonia이며 그 말은 "동역partnership"이라는 뜻입니다. 바울은 빌립보 교회 성도들이 복음에 동역해 준 것에 대해 감사하고 있습니다. 그들은 바울에게 다른 어떤 교회보다 많이 헌금을 보냈던 사람들이었습니다. 바울은 그들이 얼마나 열심히 그를 돌보고 그의 필요를 채워주려고 했는가를 명확하게 언급했습니다.

> 내가 주 안에서 크게 기뻐함은 너희가 나를 생각하던 것이 이제 다시 싹이 남이니 너희가 또한 이를 위하여 생각은 하였으나 기회가 없었느니라 빌 4:10

빌립보 교회 성도들은 바울이 복된 소식을 전하며 여기저기를 다닐 때 그를 정기적으로 후원했습니다. 그들은 바울이 세계를 다니며 다른 지역에 복음 전하는 일을 돕고 있었습니다. 그들이 생각은 했으나 기회가 없었다고 바울이 말한 것은 그들이 어디로 돈을 보내야 할지 항상 알지는 못했다는 말입니다. 바울은 예루살렘에서 체포되어 옥에 갇혔고 로마로 재판 받으러 가는 길에 배가 파선했습니다. 그러니 약 3년간 바울은 한곳에 있지 않았다는 말입니다. 그들은 바울이 정확히 어디에 있는지 알 수가 없었습니다. 그래서 헌금을 보낼 "기회가 없었던" 것입니다. 그러나 바울이 로마에 있다는 소식을 듣자마자 그들은 옷이며 재정이며 그가 공부하는 데 필요한 것들을 보냈습니다. 그들은 바울을 돕는데 열심이었지만 바울이 그들을 기뻐했던 이유는 그들이 자신을 재정적으로 돌보아주었기 때문만은 아니었습니다.

> 내가 궁핍하므로 말하는 것이 아니니라 어떠한 형편에든지 나는 자족하기를 배웠노니 나는 비천에 처할 줄도 알고 풍부에 처할 줄도 알아 모든 일 곧 배부름과 배고픔과 풍부와 궁핍에도 처할 줄 아는 일체의 비결을 배웠노라 내게 능력 주시는 자 안에서 내가 모든 것을 할 수 있느니라 빌 4:11-13

바울은 자기가 풍부와 궁핍에도 사는 법을 배웠다고 했습니다. 그가 기뻐한 것은 헌금하고자 하는 그들의 마음을 보았기 때문입니다. 그를 후원함으로써 그들이 실제로는 하나님께 드리고 있다는 것을 바울은 알았습니다. 바울은 그들이 헌금함으로 인해 하나님께서 그들에게 축복을 쏟아 부어 백 배의 결실을 가져올 것을 알았습니다. 그리고 이어서 말합니다.

> 그러나 너희가 내 괴로움에 함께 참여하였으니 잘 하였도다 빌립보 사람들아 너희도 알거니와 복음의 시초에 내가 마게도냐를 떠날 때에 주고받는 내 일에 참여한 교회가 너희 외에 아무도 없었느니라 빌 4:14,15

바울이 말한 주고받는 일이라는 것은 그들의 재정적인 도움을 말하는 것입니다. 여기서 놀라운 것은 바울의 복음전파를 위해 그에게 돈을 보내준 교회는 오직 빌립보 교회뿐이었다는 점입니다! 바울과 그의 동료들은 끊임없는 위험에 처해 있었고 복된 소식을 전하기 위해 많은 핍박과 고난을 겪었지만 바울이 개척한 다른 교회들 중, 어느 교회도 그의 사역을 후원하지 않았습니다. 그것은 비극이라고 저는 생각합니다.

사람들은 바울이 자신들의 도시에서 복음을 전하는 동안에만 그에게 헌금을 했던 것 같습니다. 그들은 그를 부양했고 그가 묵을 곳을 제공했지만 그 도시를 떠나자마자 바울은 다시 혼자 힘으로 살았습니다. 그래서 새로운 지역으로 갈 때마다 재정적으로 완전히 새로 시작해야만 했습니다. 저는 바울이 그와 같이 함으로써 근근이 살았을 것이라고는 생각하지 않습니다. 바울이 가는 곳마다 사람들은 바울을 통해 하나님께서 행하시는 일에 매우 감사했었을 것이고 바울을 잘 돌보아주었을 것입니다. 하지만 바울이 떠난 후에도 계속 재정적으로 그를 축복한 곳은 오직 빌립보 교회뿐이었습니다. 왜 바울이 빌립보 교회를 생각할 때마다 감사하다고 했으며 어떻게 그들이 다른 지역에 교회를 세우는 데 도움을 주었는지 다음의 말씀에서 알 수 있습니다.

> 데살로니가에 있을 때에도 너희가 한 번뿐 아니라 두 번이나 나의 쓸 것을 보내었도다 내가 선물을 구함이 아니요 오직 너희에게 유익하도록 풍성한 열매를 구함이라 빌 4:16,17

"한 번뿐 아니라 두 번"이란 말은 그들이 바울에게 한 번 이상 돈을 보냈다는 뜻입니다. 그것 또한 잘한 일입니다. 왜냐하면 데살로니가에서 바울의 사역은 잘 받아들여지지 않았기 때문입니다. 바울은 그 도시에서 도망치듯 빠져나왔습니다(행 17장). 그러므로 빌립보 교회의 재정적인 후원이 없었더라면 바울은 거기서 사역을 계속할 수 없었을지도 모릅니다. 그들의 헌금은 단순히 개인적으로 바울에게 유익을 준 정도가 아니라 하나님의 나라를 널리 확장시키는 데에 도움을 주었습니다. 그리고 바울이 기뻐한 것은 하나님께서는 언약을 이루기 위해 부요의 복을 주신다는 것을 알고 있었기 때문입니다. 바울은 그들의 헌금이 초자연적인 결과를 가져다주리라는 것을 알았습니다. 하나님께서는 심는 자에게 씨를 주시기 때문입니다(고후 9:10).

바울은 그들의 헌금이 얼마나 그를 풍성케 했는지 이야기한 다음, 이렇게 말했습니다.

> 나의 하나님이 그리스도 예수 안에서 영광 가운데 그 풍성한 대로 너희 모든 쓸 것을 채우시리라 빌 4:19

하나님께서는 그분의 종이 형통하는 것을 기뻐하신다는 사실은 의심할 여지가 없습니다. 그러나 또한 그분은 햇빛과 비를 의로운 자뿐만 아니라 불의한 자에게 똑같이 내려주시기도 합니다(시 35:27, 마 5:45, 요삼 2). 이렇듯 하나님께서는 믿는 자와 믿지 아니하는 자들을 둘 다 축복하길 원하시지만 빌립보서 4장의 이 구절은 특별히 바울의 복음전파에 협력했고 이 땅에 하나님의 언약을 굳게 세우는 데 도움을 주었던 사람들에 대해 이야기하고 있는 것입니다. 그들은 바울로부터 무언가를 받았기 때문에 헌금을 보낸 것만은 아니었습니다. 그들은 바울이 자신들의 도시뿐만 아니라 다른 도시에서 다른 사람들을 축복하고 있을 때, 즉 그들에게 돌아오는 이익이 하나도 없었을 때에도 바울에게 헌금을 했던 것입니다. 지금의 말로 한다면 바울의 신간 책이나 CD, DVD 같은 것을 선물로 받기 위해 헌금을 보낸 게 아니었다는 말입니다. 그들은 선교 사업을 위해서 헌금을 했던 것입니다.

빌립보서 4장 19절은 복음 전파에 동역자가 된 사람들에게 특별한 축복이 있다는 것을 말하고 있습니다. 즉, 정말로 축복을 받기 원한다면 큰 비전을 가지고 복음 전파를 위해 탁월한 사역을 하고 있는 사역에 협력하라는 뜻입니다. 하나님께서 사역단체에 돈을 주시기 위해 그 단체를 후원하는 그리스도인들에게 돈을 주십니다. 돈이 그 사역단체에 들어가기 위해서는 먼저 재정 동역자들의 손을 거쳐야 합니다. 그래서 이 돈이 당신을 거쳐 지나갈 때 당신에게도 남은 것이 많을 것입니다. 그러므로 형통해지는 가장 좋은 방법 중 하나는 하나님의 기름부음이 강력한 사역단체를 찾아 재정적 동역자가 되는 것입니다.

저는 우리 단체를 운영하기 위해 들어가는 비용의 일주일

치도 공급할 능력이 없습니다. 우리의 재정적 필요를 채우고 하나님께서 주신 부르심을 감당하려면 우리 동역자(파트너)들의 후원이 필요합니다. 우리 단체가 부요해지기 전에 먼저 우리 동역자들이 부요해져야 한다는 것을 저는 잘 알고 있습니다. 그래서 저는 하나님께서 우리의 동역자들을 축복하셔서 그들이 풍부해지기를 기도합니다. 그 이유는 하나님의 뜻을 이룰 수 있는 능력은 저와 함께 협력하여 동역자가 되어주는 다른 사람들에게 전적으로 의존해 있기 때문입니다. 하나님께서 우리 단체에 보내셔야 할 모든 돈은 먼저 우리 동역자들을 통해서 와야 합니다. 그것은 다른 모든 교회와 선교단체에도 동일하게 적용됩니다.

이러한 이유 때문에 하나님께서는 당신이 헌금을 드리는 자로 헌신할 때 재정의 초자연적인 흐름이 당신에게로 흘러 들어가게 하실 수 있는 것입니다. 하나님께서는 이것을 모든 믿는 자들을 위해 준비를 해놓으셨지만 복음 전파를 돕기 위해 헌금하는 사람들에게는 특별한 기름부음이 있습니다. "나는 이 교회가 우리 도시를 변화시키도록 돕고 싶다"거나 "나는 이 사람이 세계를 다니면서 복음을 전하는 것을 돕고 싶다"라고 할 때, 하나님께서는 당신이 그걸 할 수 있도록 부요케 해주실 수 있습니다. 하나님께서는 하나님 나라를 진전시키기 위해 돈을 사용할 사람들에게 돈을 주십니다(신 8:18). 헌금하는 자들에게 돈을 주시되 그들에게 항상 남은 것이 많도록 넉넉하고 넘치게 주십니다.

재정의 흐름이 먼저 동역자들의 손을 거쳐 가게 하는 것 외에 동역에는 추가적인 유익이 따릅니다.

> 사람의 선물은 그의 길을 넓게 하며 또 존귀한 자 앞으로 그를 인도하느니라 잠 18:16

저는 이 구절의 "선물 gift"이 하나님께서 주신 능력이나 기름부음이라는 의미에서 "은사"를 뜻하는 것이라고 생각했었습니다. 예를 들어 제가 저의 가르치는 은사를 제대로 사용한다면 문이 활짝 열려서 저를 영향력 있는 중요 인사들 앞으로 인도해가는 것이라 생각했습니다. 그러나 여기서 선물이라는 단어로 사용된 히브리어는 "마탄 mattan"인데, 문자 그대로 "선물"이라는 뜻입니다. 성경에서 이 단어가 사용된 다른 예를 보면 그것은 분명히 어떤 금전적인 선물을 뜻하고 있음을 알 수 있습니다(잠언 15:27, 19:6). 그것은 당신의 삶에 임한 기름부음을 말하는 게 아닙니다. 이 구절은 단순히 자연적인 영역에서도 선물이 문을 열어준다는 말입니다.

부정적인 의미에서 보자면 이런 종류의 선물은 뇌물이라고 이해할 수 있겠지만 또한 이 단어에는 긍정적인 면도 있습니다. 선물이 부정적인 면으로만 사용될 필요는 없습니다. 선물로 분노를 돌이킬 수도 있고 그것으로 인해 다른 사람으로부터 호의를 입을 수도 있습니다. 선물은 또한 영적인 영역에서도 효과를 냅니다. 당신이 헌금을 하면 그것이 당신에게 문을 열어 줍니다. 그것이 기회를 만들어 당신을 세력 있는 사람들 앞으로 인도할 수도 있습니다. 이것은 뇌물과 다릅니다. 성경에는 이처럼 선물이 긍정적인 의미로 사용된 사례가 있습니다.

구약에 보면 스바의 여왕이 솔로몬 왕의 지혜와 부요에 관해 소문을 들었을 때 그것을 직접 보고자 하여 예루살렘으로 달려갔습니다. 기록된 바에 의하면 "향품과 심히 많은 금과 보석을 낙타에 싣고" 갔다고 합니다(왕상 10:2). 스바 여왕은 솔로몬 왕의 궁전에서 본 것에 크게 압도되어 왕에게 말했습니다.

> 왕께 말하되 내가 내 나라에서 당신의 행위와 당신의 지혜에 대하여 들은 소문이 사실이로다 내가 그 말들을 믿지 아니하였더니 이제 와서 친히 본즉 내게 말한 것은 절반도 못되니 당신의 지혜와 복이 내가 들은 소문보다 더하도다 왕상 10:6,7

솔로몬은 지구상에서 가장 지혜롭고 가장 부유한 사람이었습니다. 성경은 온 세상 사람들이 와서 그에게 묻고 그의 지혜를 탐구했다고 말합니다(24절). 한번 생각해 보십시오. 오늘날 당신이 미국 대통령이나 이스라엘 총리와 만나고 싶다 해서 곧바로 그의 집무실로 들어가 앉을 수 있다고 생각하십니까? 절대 안 됩니다. 외교 전례가 있고 또 자기 차례를 기다려야 합니다. 솔로몬은 오늘날 어느 나라의 지도자보다도 더한 명성과 평판을 가졌었으리라고 저는 생각합니다. 그래서 스바 여왕은 솔로몬의 관심을 받을 만한 선물을 가져왔고 그것이 문을 열어 준 것입니다.

> 이에 그가 금 일백이십 달란트와 심히 많은 향품과 보석을 왕에게 드렸으니 스바의 여왕이 솔로몬 왕에게 드린 것처럼 많은 향품이 다시 오지 아니하였더라 왕상 10:10

한 달란트가 약 75.5파운드 정도 되기 때문에 스바의 여왕이 솔로몬에게 가져온 금은 9,000파운드(약 4톤)입니다. 오늘날의 가격으로 환산하면 온스 당 1,730달러(이 책을 쓴 시점에)이니 솔로몬의 금은 2억5천만 달러 이상이 될 것이며 금 이외에 다른 선물들이 얼마나 많은 값이 나갈지는 아무도 알 수가 없습니다.

그 정도 규모의 선물이면 틀림없이 당신을 위해 길을 열어줄 것입니다. 솔로몬 왕을 알현하려고 기다리는 사람들의 줄이 얼마나 길었는지는 모르지만 그 여왕의 선물은 그녀를 곧장 맨 앞자리로 옮겨주었을 것입니다. 그녀는 왕과 시간을 갖게 되었을 뿐만 아니라 함께 식사도 하고 왕국의 모든 곳들을 둘러보았습니다. 그녀가 솔로몬과 여러 날을 함께 보낼 수 있었다는 것이 암시되어 있습니다. 정확한 것은 자세히 알지 못하지만 여왕의 선물은 문을 활짝 열어주었습니다. 선물은 그녀를 위해 길을 열어주었고 당시 가장 위대한 사람 앞으로 인도했습니다. 바로 그것이 선물의 긍정적인 힘입니다.

영적으로는 당신이 어떤 사역단체와 협력하여 헌금을 할 때도 그것은 당신에게 길을 열어줍니다. 마치 그 단체에 임한 기름부음을 당신이 덧입기 시작하는 것과 같습니다. 또한 그 단체의 열매에 참여하는 것입니다. 복된 소식을 전파하는 사람과 동역할 때 그들의 축복에서 나오는 번영의 유익을 받게 됩니다.

그 밖에도 고려할 사항이 있습니다. 스바 여왕의 나라에도 그 2억5천만 달러를 써야 할 일이 왜 없었겠습니까? 그 모든 물품과 그것을 호송할 병사들까지 합해서 수송하는 데 필요한 낙타 행렬의 길이를 상상이나 할 수 있겠습니까? 그들은 수백

마리의 낙타와 작은 군대 규모의 사람들과 함께 예루살렘으로 향했을 것이 틀림없습니다. 그 행렬은 눈에 띄지 않을 수 없었을 것이며 스바 백성들은 아마도 여왕이 그 모든 재물을 가지고 어디로 가려는 것인지 고개를 갸우뚱했을 것입니다. 이미 지상에서 가장 부유한 사람인 솔로몬 왕에게 그 모든 돈을 갖다 줄 계획이란 것을 들었을 때 사람들은 눈썹을 치켜 올렸을 것입니다.

이렇게 생각하는 사람들도 있었으리라 확신합니다. '왜 솔로몬에게 그렇게 많은 돈을 갖다 주는 거야? 그 돈이면 가난한 사람들을 얼마나 많이 도와줄 수 있는데 말이야.' 그 돈이면 여왕이 국가 전체를 바꿀 수도 있었을 것입니다. 건물을 세우고 솔로몬에게 가기 위해 지나쳐 갔을 모든 도시의 농부들을 도와줄 수도 있었을 것입니다. 그러나 스바 여왕은 솔로몬 왕이 어떻게 하여 그의 왕국을 성공적으로 경영하게 되었는지 가서 그 방법을 알아보기 위해 그 돈을 쓰기로 결심했고 그 이후에는 그 지식을 적용하여 자신의 나라를 증진시킬 수 있었을 것입니다. 자신의 재물을 가지고 가난한 사람들과 가난한 나라를 도와줄 수도 있었을 모든 기회를 뒤로 하고 그것을 가장 돈이 많은 부자에게 가져갔습니다. 그 이유는 솔로몬이 누리고 있는 성공에 참여하고 싶었기 때문이었고 그대로 이루어졌습니다.

솔로몬 왕이 왕의 규례대로 스바의 여왕에게 물건을 준 것 외에 또 그의 소원대로 구하는 것을 주니 이에 그가 그의 신하들과 함께 본국으로 돌아갔더라 왕상 10:13

솔로몬이 스바 여왕에게 내린 하사물이 얼마나 되었는지 알아보면 흥미가 있을 것입니다. 그 다음 구절에 보면 솔로몬은 해마다 금 666달란트를 받았고, 그 외에 사업을 통해서 또 그에게 세금을 내던 다른 나라 왕들로부터 얻은 수익들까지 받았다고 말합니다. 그 말은 스바 여왕의 선물은 솔로몬 왕의 소득에 비하면 극히 일부에 지나지 않았다는 뜻입니다. 솔로몬은 하도 돈이 많아서 은에 대해서는 기록도 하지 않았습니다. 은을 길바닥에 던져서 돌같이 취급했습니다. 솔로몬은 믿을 수 없으리만큼 부유했습니다. 그러므로 솔로몬이 그녀에게 하사물을 내렸다고 했을 때, 스바 여왕은 자기가 드린 것보다 더 많이 받았으리라고 저는 생각합니다. 그녀가 예루살렘을 떠날 때는 올 때 가져왔던 것보다 더 많은 돈을 가지고 갔을 것입니다.

여왕이 예루살렘을 향해 떠날 때, 수많은 거지들과 주변 왕들은 이미 돈이 엄청나게 많은 사람에게 왜 그와 같이 많은 선물을 주는 것인지 의문을 품었으리라고 저는 확신합니다. 그러나 그녀는 솔로몬을 돕기 위해서 돈을 드린 게 아니었습니다. 그녀가 그 선물을 드린 것은 자기 자신을 돕기 위한 것이었습니다. 그녀는 솔로몬의 왕국에 들어가 그의 지혜와 호의, 기름부음에 참여하기 위해 선물을 사용한 것입니다. 그리고는 솔로몬이 그녀에게 내린 모든 하사물을 가지고 예루살렘을 떠났습니다. 그러므로 돌아가는 길에는 더 많은 거지들과 농부들을 도울 수 있는 어마어마한 재물이 있었을 것입니다. 그러나 또한 나라 전체를 세울 수 있는 지혜와 기름부음도 가지게 되었습니다. 자선적인 기부는 눈앞의 문제만을 해결하지만 빈곤에서 벗어나 나라를 부강하게 만들기 위한 지혜와 기름부음을 사용하는 것은 장기적인 해결책이었습니다.

   가난한 사람들을 구제하는 것이 잘못된 일이 아닙니다. 사실, 성경은 형제의 궁핍함을 보고도 도와주지 않으면 하나님의 사랑이 그 사람 속에 거하지 않는다고 말합니다(요일 3:17). 그러므로 우리는 궁핍한 사람을 보면 마땅히 구제를 해야 합니다. 그러나 그것이 기부해야 할 유일한 이유는 아닙니다. 때로는 스바 여왕처럼 교회나 사역자가 가진 것을 받기 위해서도 헌금을 해야 합니다. 우리는 카리스 성경 대학 학생들에게 "당신이 가고 싶은 곳에 심으라"고 말합니다. 바꾸어 말해 선교 사역에 부르심을 받았다고 느껴지면 그 분야에서 사역을 잘

하고 있는 사람들을 찾아 그들을 후원하라는 말입니다. 그들과 협력하는 파트너가 됨으로써 그들이 가진 기름부음과 경험을 자신에게 끌어올 수 있는 것입니다. 그것이 당신에게 임하여 자신의 부르심을 이룰 수 있도록 도와줄 것입니다.

마치 당신이 가고자 하는 목적지에 가본 적이 있는 사람을 붙잡고 가면 그곳에 도달할 수 있는 것과 비슷합니다. 당신이 간 거리보다 더 멀리 간 사람을 찾으십시오. 그들의 삶에 씨를 심어서 그들의 도움을 받아 그 곳에 도달하도록 하십시오. 스바 여왕이 했던 일이 바로 그것이었습니다. 그녀는 더 많은 호의, 더 많은 지혜, 더 많은 재물을 가진 사람을 찾아서 더 많은 지혜와 재물과 호의를 얻기 위해 선물을 사용하여 그를 만났던 것입니다.

당신이 어떤 사역단체의 동역자(파트너)가 되어 꾸준히 헌금할 때 그 단체에 임한 축복에 참여할 수 있다는 것을 인식하는 게 중요합니다. 그저 뭘 얻기 위해서 헌금하지 말고 도달하고 싶은 목적지로 당신을 인도해 가도록 도움을 받기 위해 헌금을 하십시오. 그렇게 할 때 당신을 향해 하나님의 재정이 초자연적으로 흘러 들어가서 그 결과 당신은 자신의 필요도 채우고 또한 모든 선한 일도 넘치게 할 수 있게 됩니다 (고후 9:8).

하나님께서는 항상 당신이 헌금한 것보다 더 많이 돌려주십니다. 물질을 드림으로써 하나님을 믿는 믿음을 나타내 보일 때 하나님께서는 언제나 축복을 돌려주십니다. 하나님을 향한 당신의 신실함이 당신을 향한 하나님의 신실함보다 위대하지 못합니다. 사역단체와 파트너로 협력하는 것은 그저 뭘 얻기 위해 헌금하는 것이 아니라고 말씀 드렸습니다. 그렇기 때문에 앞에서 많은 시간을 들여서 헌금 그 자체보다는 마음의 동기가 더 중요하다는 말씀을 드렸습니다. 그러나 당신의 마음이 올바를 때 사역단체와 파트너가 되어 복음 전파 사역을 돕는 것은 당신에게 문을 열어주고 당신을 부요케 할 것입니다.

헌금하는 것은 하나님의 부요에 이르는 강력한 요소입니다. 헌금을 통해서 얻게 되는 추수를 결정짓는 데에는 여러 가지 다른 요소들이 있습니다. 예컨대 헌금을 드리는 태도, 어디에 헌금을 드리느냐, 하나님을 자신의 원천으로 신뢰하느냐 등등, 그러므로 하나의 공식이 있는 것은 아닙니다. 그러나 하나님의 나라에 씨를 심기 전까지는 하나님의 경제 시스템 안에서 진정으로 부요해질 수 없습니다. 헌금을 정기적으로 하시길 권합니다. 소득의 첫 열매에서 드리고 십일조를 하십시오. 그렇게 하면 당신은 헌금하기 전에 돈을 써버리지 않을 것이며 하나님의 초자연적인 공급을 놓치는 일이 없게 될 것입니다. 꾸준히,

목적을 가지고 헌금을 드릴 때, 그리고 사랑의 동기로 헌금할 때, 하나님의 축복이 당신의 삶 속에 흘러 들어가 이전과는 다른 부요를 경험하게 될 것입니다.

10

우리는 하나님을 신뢰한다

부요에 관해서 말할 때, 많은 사람들이 첫 번째로 가르치는 것은 헌금입니다. 그들은 "주라 그리하면 너희에게 줄 것이니"(눅 6:38)라는 말씀을 가장 많이 강조합니다. 제가 재정에 대해 가르칠 때 헌금은 가장 마지막에 다루는 주제 중에 하나입니다. 그 이유는 돈에 대해서 가지는 마음의 태도와 헌금하는 동기가 더 중요하다고 생각하기 때문입니다. 이제는 앞서 언급한 것들을 한데 묶어서 올바른 태도를 가지고 헌금을 하고 또 하나님이 당신의 원천이라는 충분한 지식을 가지고 헌금하는 것이 어떻게 실제로 당신을 부요케 하는지를 말씀 드리고 싶습니다.

잠언 3장 5-10절은 잘 알려져 있듯이 우리 마음을 다하여 여호와를 의뢰하고 우리의 명철을 의지하지 말라고 말합니다. 그것은 강력한 구절이며 또한 많이 사용되고 있습니다. 문맥을 보면, 우리가 여호와 하나님을 의뢰하고 우리 자신의 명철을 의지하지 않는 방법 가운데 하나는 헌금하는 것이라고 말하고 있습니다.

> 너는 마음을 다하여 여호와를 신뢰하고 네 명철을 의지하지 말라 너는 범사에 그를 인정하라 그리하면 네 길을 지도하시리라 스스로 지혜롭게 여기지 말지어다 여호와를 경외하며 악을 떠날지어다 이것이 네 몸에 양약이 되어 네 골수를 윤택하게 하리라 네 재물과 네 소산물의 처음 익은 열매로 여호와를 공경하라 그리하면 네 창고가 가득히 차고 네 포도즙 틀에 새 포도즙이 넘치리라 잠 3:5-10

사람들은 이 구절이 '여호와를 신뢰하라'는 의미라는 점을 강조하는데 그러다 보니 '소득의 첫 열매로 여호와를 공경하라'는 부분은 간과해버립니다. 하나님께 자기의 길을 지도해달라고 하루 종일 기도하지만 거기에 헌금이 어떻게 연관되어 있는지는 알지 못합니다. 하나님의 인도를 구하는 사람들은 자기가 하나님을 신뢰한다고 말하겠지만 그들이 다 정기적으로 헌금을 드리지는 않습니다. 그러므로 당신이 헌금을 하지 않는다면 모든 길에서 여호와를 인정하고 신뢰하고 있는 것이 아닙니다. 그리고 이 말씀에 근거하여 보면 그것은 하나님을 공경하고 있는 것이 아닙니다.

재정은 우리의 삶의 중요한 부분이고 우리와 하나님과의 관계에 아주 중요한 부분입니다. 많은 사람들이 주당 40시간 이상 일하고 있는데 그 말은 우리가 다른 어떤 일보다 생계를 위해 더 많은 시간을 쓰고 있다는 뜻입니다. 또한 하나님은 우리 삶의 모든 영역에 관여하기 원하십니다. 대부분의 시간을 직장에서 일하는 데에 쓰면서 재정은 아직 하나님께 맡기지 못했다면 당신은 삶의 적은 부분만 하나님을 의지하고 있는 것입니다. 그러나 하나님은 우리가 그분을 온전히 의지하여 삶의 모든 영역으로 모셔 들이기를 원하십니다.

하나님께서는 당신이 한 주간을 홀로 헤쳐 나가고 자기 뜻대로 살다가 주일에만 교회에 와서 성경공부 시간을 주님께 드리는 것을 원치 않으십니다. 매일 아침 30분씩 기도와 말씀 공부를 하는데 시간을 보낸다 해도 하나님 생각은 거의 안 하면서 하루를 살아간다면 하나님을 삶에 많이 모셔 들이지 않는 것입니다. 하나님은 당신이 하는 모든 일에 동참하기를 원하십니다.

하나님과 시간을 보내기 위해 반드시 하루 종일 앉아서 기도만 하고 말씀만 공부하라는 말은 아닙니다. 사역자라 할지라도 성경 연구 외에 해야 할 일들이 있습니다. 우리 모두에게 해야 할 다른 일들이 많이 있지만 마음과 생각의 초점은 여전히 하나님께 둘 수 있습니다. 당신이 처한 상황이 어떠하든 상관없으며 직장에 있을 때에도 전심으로 하나님을 의지할 수 있습니다. 직장 상사 아래서 해야 할 일이 있지만 궁극적으로 당신에게 승진을 주시는 분은 하나님이십니다. "무릇 높이는 일이 동쪽에서나 서쪽에서 말미암지 아니하며 남쪽에서도 아니하고 오직 재판장이신 하나님이 이를 낮추시고 저를 높이시느니라."(시 75:6-7)

바꾸어 말하면 하나님이 모든 것의 원천이십니다. 우리는 하나님을 부요와 승진의 원천으로 바라보아야 합니다. 설령 어떤 직장에 소속되어 다른 사람을 위해 일한다 할지라도 하나님이 당신의 원천이 되어야 합니다. 이런 사고방식을 갖게 되면 경기 불황도 당신을 괴롭히지 않을 것입니다. 그렇게 되면 직장의 불안정성에 대해 두려움을 갖지 않고 주님을 신뢰하게 될 것입니다. 설령 직장을 잃는다 할지라도 더 좋은 것을 바라며 하나님께 의지할 것입니다. 하나님이 당신의 원천이라는 것을 아는 것은 많은 사람들이 갖지 못한 평안과 삶의 안정성을 가져다 줄 것입니다.

그렇다면 직장에서 일하면서 여러 가지 책임들을 감당하는 데 많은 시간을 보낼 때 어떻게 하나님을 당신의 원천으로 삼을 수 있겠습니까? 그 대답은 간단합니다. 주님께서는 우리의 모든 소산물의 첫 열매를 드리라고 말씀합니다. 믿음을 따라 행동하고 하나님을 당신의 원천으로 삼는 방법은 헌금을 드리는 것입니다. 즉, 십일조와 봉헌물을 드리는 것입니다. 왜냐하면 하나님께서 축복을 돌려주신다는 것을 믿지 않는 사람들에게는 살아가는 데 필요한 재정을 드린다는 것이 무모한 일이라고 느껴지기 때문입니다.

하나님을 믿을 수 없다면 '헌금하는 것이 부요에 이르는 길'이라는 말은 이치에 맞을 수 없습니다. 당신이 번 것의 10%를 떼어서 헌금한다는 것은 자연인의 생각에 어리석어 보이지만 바로 그 이유로 하나님은 그것을 요구하시는 것입니다! 하나님은 돈이 필요하지 않으십니다. 그분은 우리의 십일조가 필요 없으십니다. 헌금을 드리는 것은 우리가 세상의 경제 안에 있지 않고, 하나님의 경제 안에 있다는 것을 나타내는 한 방법입니다.

앞서 말씀 드렸듯이, 하나님께서는 다른 방법을 세우실 수도 있었을 것입니다. 복음전하는 모든 사역자들을 재정적으로 독립적이며 부유하게 만드실 수도 있었지만 그렇게 하지 않으신 것은 헌금이라는 것이 사실은 그것을 통해 우리의 필요를 채워주기 위함이지 교회를 유지하기 위한 것이 아니기 때문입니다. 설령 제가 은행에 수십억 달러가 있다 할지라도 재정에 관해 같은 말씀을 전할 것입니다. 저는 동일하게 헌금을 거둘 것이며 그리스도인들이 헌금해야 할 필요성을 계속 가르칠 것입니다. 하나님께서 우리의 돈을 필요로 하시기 때문이 아니라 우리가 하나님을 신뢰해야하기 때문입니다! 주님께서 십일조와 봉헌물의 제도를 세우신 것은 우리의 유익을 위해서이지 그분의 유익을 위해서가 아닙니다.

얼마 전에 저는 우리 학교인 카리스 성경 대학 졸업생의 교회에서 집회를 열어달라는 부탁을 받았습니다. 확실치는 않지만 그 교회 성도가 30~50명 정도 되는 것 같았습니다. 그는 저를 강사로 초청하기에는 교회가 너무 작은 게 마음에 걸렸습니다. 그래서 다른 몇몇 지역교회들도 초청했습니다. 모두 합하니 집회에 참석한 성도들이 100여 명 정도 되었습니다. 하지만 여전히 재정에 대한 염려가 커서 저에게 충분한 사례를 못할 것 같다는 생각을 했습니다.

저는 첫 번째 시간에 제가 돈을 구걸하러 온 가난한 선교자가 아니라고 말했습니다. 제가 그들에게 말했습니다. "저는 자비로 이곳에 왔고 자비로 떠날 것입니다. 여러분이 사례하지 않아도 됩니다." 제가 그렇게 말했더니 그 목사님의 얼굴에 실망감이 역력했습니다. 아마 추측컨대 제가 그들에게 사례 안 해도 된다고 말했기 때문에 아무도 헌금하지 않을 것이라 생각을 했던 것 같습니다. 제가 앞서 설명한 것과 동일한 얘기 몇 가지를 계속 설교했습니다. 내가 돈이 필요하기 때문이 아니라 자기 자신을 위해 씨를 심어야 하기에 헌금을 하는 것과 헌금이란 하나님을 우리의 원천으로 인정하고 그분을 신뢰하는 것이라고 말했습니다.

  집회를 마친 뒤 며칠 후 그 목사님이 전화를 해서 말하기를 그 교회가 그동안 헌금한 것 중에 제일 많은 헌금이 나왔다고 했습니다. 그는 지금까지 성도들을 헌금하게 하려고 잘못된 동기부여를 해왔다는 것을 깨달았습니다. 그는 헌금과 하나님을 신뢰하는 것과의 관계를 모르고 헌금해야 하는 논리를 따져가며 요구해왔었습니다. 그는 다음 주일에 교회 앞에 서서 그동안 재정을 가르침에 있어서 자신 있게 하지 못한 점을 사과했다고 저에게 말했습니다. 그가 말을 마치자 교인들이 앞으로 나와 그를 안아주었고 강단 앞에 헌금을 내놓기 시작했습니다. 그 한 번의 예배에서 드려진 헌금으로 교회 빚을 전부 다 갚았다고 했습니다. 아마 1만 달러에서 1만5천 달러 정도 헌금이 나온 것 같습니다.

이것은 '하나님께는 우리의 돈이 필요하고 그래서 우리가 십일조와 헌금을 하는 것'이 아니라는 것을 깨닫는 데서 시작된 것입니다. 하나님께서 원하시는 것은 우리가 우리 자신이나 우리의 고용주를 재정의 원천으로 바라보지 않고 하나님을 의지하는 것입니다. 거듭나지 않은 자연인의 생각으로는 자신의 노력으로 얻은 것의 일부를 떼어 남에게 준다는 것은 어렵습니다. 십일조를 하게 되면 세워놓은 재정 목표에서 더 멀어지는 것 같아 보입니다. 우리에게 넘치게 돌려주신다는 하나님의 약속이 없었다면 그렇게 되겠지요. 헌금은 우리 삶의 다른 어떤 부분보다도 시간과 에너지를 소모시키는 이 재정의 영역에서 하나님을 신뢰하는 것과 관계가 있습니다. 우리는 하나님께서 우리에게 주신 것의 일부를 떼어서 다시 그것을 그분께 드림으로써 하나님을 신뢰함에 이르는 것입니다.

우리의 헌금으로 하나님을 의지하는 것에 대해 다음 구절은 이렇게 말합니다. "네 재물과 네 소산물의 처음 익은 열매로 여호와를 공경하라."(잠 3:9) 처음 익은 열매란 우리가 하는 맨 첫 번째 것을 뜻합니다. 우리가 자동차 월부금, 먹을 것, 오락 등에 들어가는 돈을 다 쓰고 남은 것이 아닙니다. 주님께서 말씀하시는 것은 우리가 수입이 생길 때마다 해야 하는 첫 번째 일은 헌금 드릴 돈을 따로 떼어놓으라는 것입니다. 저는 지금 어느 누구를 헌금하지 않는다고 정죄하려는 게 아닙니다. 다만 그리스도인들이 주님을 섬기는 것과 헌금하는 것을 구분 지어 생각하게 만든 미혹을 제거하려는 것입니다.

일부 그리스도인들은 하나님을 신뢰한다고 하면서 헌금은 하지 않습니다. 왜냐하면 그들의 예산에서 헌금을 짜낼 수 있는 방법을 모르기 때문입니다. 이것이 주님께서 어떤 특정한 금액을 정해주지 않으신 이유입니다. 당신에게 백만 달러가 있든 동전 하나만 있든 누구나 10%는 할 수 있기 때문에 헌금에 일정한 퍼센트를 정하신 것입니다.

당신이 소산물의 첫 열매를 드림으로 하나님을 공경할 때 주님께서 돌아보시고 이렇게 말씀하십니다. "그리하면 네 창고가 가득히 차고 네 포도즙 틀에 새 포도즙이 넘치리라."(10절) 그것을 오늘날의 말로 바꾼다면 이런 말입니다. "내가 너의 통장을 가득 채울 것이니 너의 은행 잔고는 쑥쑥 올라갈 것이다." 꽉 움켜쥔다고 돈이 모이지 않습니다. 나눠줘야 모입니다. 당신이 가진 것의 일부를 떼어서 하나님을 신뢰함으로 그것을 드릴 때 그것이 미래에 더 많은 소산물을 내는 씨가 됩니다.

씨를 먹어도 힘과 영양분을 얻을 수 있겠지만 그 씨를 심는 데 쓰기 위해 따로 떼어놓는 것이 지혜입니다. 당신은 아무리 배가 고파도 그 씨를 먹으면 안 됩니다. 지금 그 씨를 몽땅 다 먹어버리면 내일은 굶어야 하기 때문입니다. 씨를 심어야 미래에 가족을 먹이고 필요를 공급하기 위한 농작물을 얻게 됩니다.

대부분의 사람들이 멀리 보지 못합니다. 그들은 헌금에 담긴 지혜를 보지 못합니다. 자연인의 마음과 생각으로는 영의 일을 깨달을 수 없기 때문입니다(고전 2:14). 많은 사람들이 재정적으로 아등바등 살아가는데 어떻게 헌금을 위해 수입의 일부를 뗄 수 있냐는 것이지요. 마음과 생각은 넉넉지 못하다고 보고 전부를 움켜쥐고 있어야겠다고 결론을 내립니다. 그러나 하나님의 말씀은 '재물의 첫 열매를 가지고 여호와를 공경하라. 그러면 은행 잔고가 넘치게 올라갈 것' 이라고 말합니다.

하나님께서는 풍부에 이르는 길은 헌금하는 것giving;주는 것, 역자주이라고 말합니다. 그것을 이렇게도 말할 수 있을 것입니다. 준다는 것은 하나님을 신뢰한다는 것이기 때문에 하나님을 신뢰하는 것이 풍부에 이르는 길입니다. 꼭 기억하십시오. 주님께서 우리에게 요구하시는 것은 우리가 주님을 의지하는 법을 배우기 위해 헌금하라는 것입니다. 아이러니하게도 제일 헌금하길 주저하고 수입의 전부를 꽉 쥐고 있어야 된다고 확신하는 사람들이 사실은 제일 하나님을 신뢰해야 할 사람들입니다. 행함이 없는 믿음은 죽은 것입니다(약 2:26). 당신은 당신의 믿음에 따라 행동해야 합니다. 이 말을 오해하지 마십시오. 그러나 당신이 십일조를 하지 않는다면 당신은 하나님을 신뢰하고 있지 않는 것입니다. 헌금giving이란 당신의 초점을 하나님께로 돌려서 그분으로부터 받는 위치로 당신을 이동시키는 믿음의 발걸음입니다.

앞서 얘기했듯이 십일조를 하지 않더라도 하나님은 당신에게 노하지 않으십니다. 하나님은 당신에게 보복하지 않으실 것입니다. 그러나 당신이 헌금을 드리지 않는다면 진정으로 하나님을 신뢰하는 것이 아닙니다. 만일 당신이 하나님을 통해서 부요하기를 원하신다면 헌금하기를 배워야 한다는 것은 성경적인 원리입니다

잠언 말씀을 보겠습니다. "흩어 구제하여도 더욱 부하게 되는 일이 있나니 과도히 아껴도 가난하게 될 뿐이니라."(잠 11:24) 자연인의 사고방식으로는 이 말이 이치에 맞지 않습니다. 어떻게 흩어서 주는 것이 부요에 이르며 주지 않고 갖고 있는 것이 가난에 이를 수 있단 말입니까? 그러나 바로 그것이 하나님의 경제가 돌아가는 법칙입니다. 자연인의 사고방식으로는 그것을 이해할 수 없습니다. 세상은 움켜쥐어야 부요해진다고 하지만 하나님께서는 헌금giving을 통해 초자연적인 부요에 이른다고 말씀하십니다. 당신이 가진 돈 전부 다 필요하다고 생각하여

십일조나 헌금을 드리지 않을 때 그것은 "과도히 아끼는" 것이며 그러면 가난에 이르게 됩니다. 만일 당신이 부요해지고 싶다면 믿음의 걸음을 떼시고 헌금을 하십시오.

당신이 이 세상의 사고방식을 오래 따랐다면 그만큼 이해가 안 될 것입니다. 그러나 성경의 약속에 의하면 당신이 믿음으로 헌금할 때 하나님께서 당신에게 돌려주십니다. 당신의 창고가 가득히 차고 당신의 포도즙 틀이 새 포도주로 넘치게 되는 것은 당신이 물질을 흩어 줄 때입니다. 주는 것이 부요에 이르는 길입니다! 당신이 자신의 재정을 하나님께 맡기고 신실하게 헌금하는 자가 아니라면 하나님의 시스템을 통해서는 재정적 부요를 이룰 수 없습니다.

잠언 11장에서 그 다음 절은 이렇게 말합니다. "구제를 좋아하는 자는 풍족하여질 것이요 남을 윤택하게 하는 자는 자기도 윤택하여지리라."(25절) 이것은 하나님께서 심는 자에게 씨를 주신다고 앞에서 이야기한 것과 동일한 원리를 말씀하고 있습니다. 하나님께서는 하나님의 나라에 심으려고 하는 사람들에게 돈을 주시지 돈을 전부 가지고만 있으려고 하는 사람들에게 주시지 않습니다. "구제를 좋아하는 자는 풍족하여질 것이요"라는 말을 다르게 표현하자면 당신이 헌금하는 자가 될 때 당신이 필요로 하는 것보다 더 많은 돈을 얻게 된다는 말입니다.

당신은 부를 쌓게 될 것입니다. 하나님께서 당신에게 복을 주셔서 증가시켜주실 것입니다.

이것 역시도 심은 대로 거둔다는 것을 보여줍니다(갈 6:7). 적게 드리면 적게 받습니다. 그러나 후하게 드리면 후하게 받습니다. 당신이 많이 심을 때 많이 거둡니다. 거의 모든 사람들이 많이 거두기를 원하지만 가급적 적게 심으려고 합니다. 그런 식으로는 역사가 일어나지 않습니다. 티스푼으로 주고 한 트럭으로 가득 받기를 기대할 수 없습니다. 트럭으로 가득 받기를 원한다면 트럭으로 가득 주면 됩니다.

다행히도 하나님의 나라는 퍼센트로 설정되어 있습니다. 거액의 헌금을 드릴 필요가 없습니다. 하나님께서는 당신이 얼마나 많이 가졌느냐에 비례하여 당신의 헌금을 보십니다. 예를 들어 예수님께서는 동전 두 개를 헌금함에 넣은 그 과부가 성전 금고에 큰돈을 넣은 그 어떤 부자들보다 더 많이 넣었다고 하셨습니다. 부자들은 그들의 풍족한 데서 헌금했지만 그 과부는 자기의 생활비 전부를 다 넣었습니다(눅 21:1-4, 막 12:41-44). 그러므로 그것은 당신이 얼마나 많이 드리느냐 혹은 당신 수입의 몇 퍼센트를 드리느냐의 문제이기도 하지만 또한 헌금을 드리고 난 다음에 남은 것이 얼마나 되느냐의 문제이기도 합니다.

앞에서 말씀 드린 저에게 자동차 여러 대를 사준 제 친구 목사님은 아주 부유한 사람이며 또 부요한 행동을 합니다. 그는 멋진 옷을 입고 아주 비싼 집에 살며 그의 멋진 차는 사람들의 공격 대상입니다. 한번은 제가 그의 집에 있을 때 트럭 한 대가 달려와서 빨간색 신차 쉐보레 콜벳Corvette을 내려놓고 갔습니다. 아주 멋지더군요. 시동 거는 열쇠가 두 개였습니다. 진짜로 빨리 달리고 싶을 때는 두 번째 시동을 걸면 됩니다. 그 자동차의 보험료는 월 1천 달러였습니다.

많은 사람들이 그의 생활방식을 비난합니다. 그러나 사람들은 그가 가진 것만 보고 그가 헌금하는 것은 보지 못합니다. 그 사람이 얼마나 많은 씨를 심었는지 그것을 보기 전까지는 그 사람의 추수를 비난해서도 안 됩니다.

또 한 번은 그 목사님의 교회에서 설교한 뒤 그분의 집에 있었는데 한번 설교한 것에 대한 사례금으로 저에게 2만 달러를 주셨습니다. 한 선교사 친구는 제가 설교했던 그날 오전 그 교회 예배에 참석했는데 이 목사님이 그 선교사님에게 1만 달러를 주셨습니다. 또 다른 목사 친구도 거기에 있었는데 그에게는 바로 그날 아침에 신형 캐딜락을 선물해 주셨습니다. 전부 합하면 그 친구 목사님은 하루에 7만 달러 이상을 헌금한 것입니다. 아마도 그는 월 평균 4만 달러 정도를 헌금했을 것입니다. 그런데 그의 집값은 그가 16개월간 헌금하는 금액 정도 밖에

되지 않았습니다. 당신은 지난 16개월간 헌금한 액수만큼 값이 나가는 집에서 살고 싶습니까? 그렇다면 아마 우리들 중 많은 사람들이 천막 치고 살아야 할 걸요.

제 친구 목사님이 받은 신차 콜벳은 자동차보험도 이미 다 지불된 선물이었습니다. 그가 어떻게 했어야 할까요? 보험료를 선납한 공짜 차를 거절하고 가난하고 겸손하게 보이려고 그의 돈을 들여 다른 차를 사야 했을까요? 그것은 겸손이 아닙니다. 그건 우매한 것입니다.

하나님은 당신이 어떤 차를 몰든 어떤 집에 살든 상관치 않으십니다. 그건 모두 당신의 헌금과 관계가 있습니다. 이 사람은 많이 심었고 많이 거두었습니다. 하나님께서는 우리가 하나님께 드리는 것 보다 항상 더 많은 것으로 돌려주십니다. 그가 다른 사람들을 돌볼 때 하나님께서는 그를 돌보고 계셨습니다.

성전의 헌금함에 동전 두 개를 넣은 그 과부는 아마 1전도 안 되는 돈을 드렸겠지만 생활비 전체를 다 드렸습니다. 바로 그것을 가리켜 하나님께서는 후하게 드린 헌금이라고 하십니다. 만일 당신에게 있는 것의 전부가 1달러뿐인데 그것을 드린다면 그것은 거액의 헌금입니다.

그렇다고 당신의 돈을 몽땅 다 헌금하지는 마십시오! 하나님께서는 당신이 자신의 가족을 돌보기 원하십니다. 하나님께서는 당신도 먹기를 원하시고 당신의 필요를 공급하길 원하십니다. 하나님께서는 당신이 파산하여 다리 밑에서 살기를 원치 않으십니다. 여기서 요점은 하나님께서는 당신이 그분을 신뢰하기를 원하신다는 것입니다. 부자가 헌금함에 1천 달러를 넣는 것은 쉽지만 겨우겨우 살면서도 십일조를 즐거움으로 하는 사람은 하나님께 대한 신뢰를 보이고 있는 것입니다. 후하게 헌금을 드리는 것은 당신의 헌금 액수와는 관계가 없습니다.

당신이 너무 돈이 많은 부자여서 수입의 10%가 당신의 소비에 아무런 영향도 주지 않을 수 있습니다. 그럴 경우는 십일조라 해도 하나님을 당신의 원천으로 믿고 신뢰하는 데에 충분한 액수가 아닐지도 모릅니다. 만일 10%를 드리는 것이 당신에게 전혀 영향을 주지 않는 수준의 부요에 이르렀다면 헌금을 늘리되 하나님께서 당신의 재정을 증가시켜주실 것을 믿고 신뢰해야 할 만큼 액수를 늘려야 합니다. 하나님께서 재정적으로 역사하시지 않으면 안 될 수준까지 헌금을 드리십시오. 헌금은 신뢰입니다.

잠언의 그 말씀은 계속 이어집니다. "자기의 재물을 의지하는 자는 패망하려니와 의인은 푸른 잎사귀 같아서 번성하리라."(28절) 이것은 우리가 앞서 살펴보았던 그 부자 청년에게 예수님께서 가르치려고 하셨던 것입니다. 예수님께서 그 사람에게 그의 소유를 다 팔아 가난한 자들에게 나눠주라고 하셨습니다. 그 젊은 관원은 예수님의 발 앞에 엎드려 그가 구원받으려면 어떻게 해야 할지 물었습니다. 하지만 예수님은 그가 자기를 진정으로 신뢰하지 않는다는 것을 아셨습니다. 그 사람의 신뢰는 그의 돈에 있었습니다. 그 사람에게 다 팔라고 하심으로써 예수님은 그에게 하나님을 그의 원천으로 바라보라고 말씀하신 것이었습니다. 그것은 주님께서 우리에게 십일조를 하라고 하실 때 주님이 우리에게 말씀하시는 것과 동일합니다. 주님은 우리에게 돈을 의지하지 말고 그분을 신뢰하라고 말씀하십니다. 우리가 하나님을 신뢰할 때 우리는 부요케 됩니다. 우리는 푸른 잎사귀같이 번성합니다.

이에 대한 예외를 저는 본 적이 없습니다. 당신이 원하는 대로 말할 수 있지만 첫 열매로 여호와를 공경하지 않는다면 결국 당신은 하나님을 신뢰하지 않는 것입니다. 하나님께서 당신을 도와주지 않을 것이라는 두려움이 당신이 헌금하지 못하게 하는 방해물인데 그 두려움이 실은 당신의 삶에 가난을 풀어놓고 있는 것입니다. 만일 그런 경우라면 당신이 해야 할 일이란 헌금을 함으로써 믿음의 발걸음을 내딛는 것입니다. 당신의 첫 열매로 여호와를 공경할 때 하나님의 능력과 기름 부으심이 당신의 삶에 풀어질 것이며 당신은 부요해지기 시작할 것입니다. 간단합니다.

많은 사람들이 하나님께 기도하면서 그들을 재정적으로 축복해달라고 구하지만 십일조에 대한 하나님의 가르침대로 따르기를 두려워합니다. 헌금은 경건한 부요에 절대적으로 필요한 요소입니다. 그러나 당신의 동기가 헌금 자체보다 더 중요하다는 것을 기억하십시오. 그저 받을 수 있다고 하여 헌금 하지는 마십시오. 그렇게 하면 역사가 일어나지 않습니다. 무엇을 하든 마음을 다해 주께 하듯 하십시오. 그러면 하나님께서 잘되고 부요케 하실 것입니다(골 3:23-24).

헌금은 당신의 마음이 주님께 초점을 두게 합니다. 하나님을 당신의 원천으로 의지하는 것은 그분을 당신의 재정 안으로 모셔 들이는 것입니다. 그렇게 하면 아침에 잠깐 경건의 시간을 갖고 그 다음엔 하나님을 삶에서 몰아내고서 하루 종일 당신 자신의 능력으로 살아가지 않을 것입니다. 하나님께서는 기도를 드리는 "영적인" 부분과 직장에서 일하고 그날그날의 책무를 다하는 육신적인 부분으로 삶을 나누는 것을 원치 않으십니다.

우리가 하나님을 첫 자리에 모시는 것을 배울 수 있는 방법 중 하나는 하나님께서 우리에게 주시는 것의 일부를 떼어 그분께 돌려드리는 것입니다. 당신의 보물이 있는 곳에 당신의 마음이 있습니다(마 6:21). 하나님 나라에 꾸준히 돈을 투자할 때 당신은 하나님께 마음을 집중하게 될 것입니다. 설령 직장에서 일을 해야 한다 할지라도 하나님이 당신의 원천임을 알게 될 것입니다.

바울이 갈라디아 인들에게 보낸 편지에는 이런 말씀이 있습니다. "스스로 속이지 말라 하나님은 업신여김을 받지 아니하시나니 사람이 무엇으로 심든지 그대로 거두리라."(갈 6:7) 확대번역 성경(AMP)에는 이렇게 되어 있습니다. "사람이 무엇으로 심든지 오직 그것만을 거두게 될 것이다." 당신은 심지 않은 것을 거두지 못합니다. 당근을 심고서 감자를 거두지는 못할 것입니다. 사랑을 원한다면 사랑을 심어야 합니다. 용납을 원한다면 용납을 심으십시오. 그러므로 재정을 원한다면 재정을 심어야 할 것입니다. 부요라는 추수를 거두기 위해서는 헌금이라는 씨를 심어야 합니다. 우리가 앞에서 살펴보았던 성경구절은 이렇게 말합니다.

> 주라 그리하면 너희에게 줄 것이니 곧 후히 되어 누르고 흔들어 넘치도록 하여 너희에게 안겨 주리라 너희가 헤아리는 그 헤아림으로 너희도 헤아림을 도로 받을 것이니라 눅 6:38

당신이 드리는 방식으로 당신은 받게 됩니다. 당신은 총 수입에서 십일조를 하십니까? 십일조는 당신이 소득을 얻을 때 첫 번째로 하는 일입니까? 헌금을 드리는 데 더디다면 받는 데도 더딜 것입니다. 어떤 사람들은 가능한 마지막 순간까지 기다립니다. 그런 다음 인색함으로나 억지로 헌금을 합니다. 사실 헌금을 하고 싶지 않지만 어쩔 수 없이 해야 한다고 생각하는 것입니다. 그러고서는 왜 필요가 즉시 채워지지 않느냐며 의아히 여깁니다. 그 이유는 바로 이 법칙 때문입니다. 무엇을 심느냐 즉 심은 것을 거둘 뿐 아니라 또한 어떻게 심느냐 즉 심는 방법대로 거둡니다.

이러한 요점들을 앞서 이미 강조했지만 몇 가지 성경구절을 더 보았습니다. 이 모든 증거들이 당신을 납득시키길 바라기 때문입니다. 하나님의 시스템 안에서 부요해지기를 원한다면 헌금을 해야 한다는 계시적인 깨달음을 얻으시기 바랍니다. 헌금을 드리되 많이 돌려받기를 원한다면 인색함으로 조금 드려서는 안 됩니다. 많이 드리되 즐거운 마음으로 드려야 하며 첫 열매에서 드려야 합니다. 이것을 일정시간 지켜 행한다면 시간이 지나 추수를 볼 수 있을 것입니다.

슬프게도 대다수의 그리스도인들이 십일조와 헌금을 하지 않습니다. 성도들 중 20% 정도가 그 교회 재정의 80~100%를 헌금한다는 이야기를 많은 목사님들이 오랫동안 말해왔습니다. 목사님들과 이야기해보고 또 헌금에 관한 통계를 읽어보면 저도 그것을 믿을 수밖에 없습니다. 수많은 성도들이 하나님의 재정 시스템을 통해 부요해지기를 원한다면 헌금을 드리는 자가 되어야 한다는 이 기본적인 법을 이해하지 못하고 있습니다.

제 생각에는 성도들이 헌금하지 않는 주된 이유는 두려움 때문이라고 봅니다. 가족을 돌보아야 할 돈이 부족하지나 않을까 하는 두려움 혹은 하나님께서 그들을 도와주지 않으면 어쩌나 하는 두려움 말입니다. 그런 두려움과 불신앙을 반박하고 당신의 재정을 하나님께 맡기고 헌금하기를 시작하면 하나님께서 당신을 부요케 하실 것이라고 확신할 만한 성경 말씀들을 제가 충분히 제시해 드렸길 바랍니다.

사도 바울은 믿는 자들에게 중요한 것을 말하기 전에 "형제들아 내가 너희에게 권하노니"라는 말을 하곤 했습니다. 그것은 "내가 너희에게 간청한다."는 뜻과 같습니다. 자, 저도 여러분에게 간청합니다. 여러분의 재정을 하나님께 맡기십시오. 그것은 여러분 자신의 유익을 위한 것입니다. 하나님께서 우리에게 헌금하라고 하신 이유는 하나님을 우리의 재정 안으로 모셔 들이기 위한 것입니다.

당신에게 돈이 있다면 당신은 헌금을 할 수 있습니다. 당신에게 얼마가 있느냐는 중요하지 않습니다. 하나님의 말씀을 신뢰하고 당신의 첫 열매에서 헌금하기를 시작하십시오. 당신이 돈을 충분히 갖게 되지 못할까 두려워서 망설이지 마십시오. 하나님께서 공급하실 것입니다. 하나님께서는 당신을 재정적으로 축복하길 원하십니다. 하지만 씨를 심어야 합니다. 믿음의 발걸음을 떼야 합니다. 그러니 헌금하기를 시작하십시오. 하나님의 초자연적인 흐름이 당신의 재정을 증가시키고 당신 인생의 모든 영역에서 형통케 하시는 것을 경험하십시오.

저자 소개

1968년 3월 23일 하나님의 초자연적인 사랑을 대면한 뒤, 앤드류 워맥의 삶은 완전히 변화되었습니다. 저명한 교사이자 저자인 앤드류 워맥의 사명은 세상이 하나님을 보는 관점을 바꾸는 것입니다.

그의 비전은 복음을 가능한 널리, 그리고 깊게 전하는 것입니다. 그의 메시지는 TV 프로그램 '복음의 진리Gospel Truth'를 통해 거의 전 세계 인구의 반 이상이 볼 수 있는 상태로 널리 전해지고 있습니다. 또한 콜로라도 우드랜드 파크에 위치해 있는 캐리스 바이블 칼리지 Charis Bible College를 통해 깊게 전해지고 있습니다. 1994년 설립된 캐리스는 이제 미국 전역과 전 세계에 분교를 세워가고 있습니다.

앤드류 워맥 목사의 설교 자료는 책과 음원, 그리고 영상으로 제작되어 있으며 앤드류 워맥 미니스트리 홈페이지에 무료로 제공되어 있습니다.

연락처

앤드류 워맥 미니스트리 Andrew Wommack Ministries
홈페이지 www.awmi.net
이메일 info@awmi.net
719-635-1111

캐리스 바이블 칼리지 Charis Bible College
홈페이지 www.charisbiblecollege.org
이메일 admissions@awmcharis.com
844-360-9577

믿음의말씀사 출판물

구입문의 : 031-8005-5483   http://faithbook.kr

■ 케네스 해긴의 「믿음 도서관」 책들
- 새로운 탄생
- 재정 분야의 순종
- 나는 지옥에 갔다 왔습니다
- 하나님의 처방약
- 더 좋은 언약
- 예수의 보배로운 피
- 하나님을 탓하지 마십시오
- 네 주장을 변론하라
- 셀 모임에서 성령인도 받기
- 안수
- 치유를 유지하는 법
- 사랑은 결코 실패하지 않습니다
- 하나님께서 내게 가르쳐 주신 형통의 계시
- 왜 능력 아래 쓰러지는가?
- 다가오는 회복
- 잊어버리는 법을 배우기
- 위대한 세 단어
- 하나님의 은사와 부르심
- 그 이름은 "놀라우신 분"
- 우리에게 속한 것을 알기
- 성령을 받는 성경적인 방법
- 하나님의 영광
- 은혜 안에서의 성장을 방해하는 다섯 가지
- 사랑 가운데 걷는 법
- 바울의 계시: 화해의 복음
- 당신은 당신이 말하는 것을 가질 수 있습니다
- 그리스도 안에서
- 말
- 방언기도의 능력을 풀어 놓으라
- 옳은 사고방식 틀린 사고방식
- 속량 - 가난, 질병, 영적 죽음에서 값 주고 되사다
- 네 염려를 주께 맡겨라
- 예언을 분별하는 일곱 단계
- 절망적인 상황을 반전시키기
- 당신의 믿음을 풀어 놓는 법
- 진짜 믿음
- 믿음이란 무엇인가
- 그리스도께서 지금 하고 계시는 일
- 충분하고도 넘치는 하나님 엘 샤다이
- 금식에 관한 상식
- 하나님의 말씀 : 모든 것을 고치는 치료제
- 가족을 섬기는 법
- 조에
- 당신이 알아야 하는 신유에 관한 일곱 가지 원리
- 여성에 관한 질문들
- 인간의 세 가지 본성
- 몸의 치유와 속죄
- 크게 성장하는 믿음
- 하나님 가족의 특권
- 기도의 기술
- 나는 환상을 믿습니다
- 병을 고치는 하나님의 말씀
- 영적 성장
- 신선한 기름부음
- 믿음이 흔들리고 패배한 것 같을 때 승리를 얻는 법
- 믿음의 선한 싸움을 싸우는 법
- 하나님의 계획과 목적과 추구
- 예수 열린 문
- 믿음의 계단
- 당신을 향한 하나님의 계획
- 역사하는 기도
- 기름부음의 이해
- 내주하시는 성령 임하시는 성령
- 재정적인 번영에 대한 성경적 열쇠들
- 어떻게 하나님의 영으로 인도받을 수 있는가?
- 마이더스 터치
- 치유의 기름부음
- 그리스도의 선물
- 방언
- 믿는 자의 권세(생애기념판)
- 믿음의 양식
- 승리하는 교회

■ E. W. 케년
- 십자가에서 보좌까지 무슨 일이 일어났는가?
- 두 가지 의
- 놀라우신 그 이름 예수
- 하나님 아버지와 그분의 가족
- 나의 신분증
- 두 가지 생명
- 새로운 종류의 사랑
- 그분의 임재 안에서
- 속량의 관점에서 본 성경
- 두 가지 지식
- 피의 언약
- 숨은 사람
- 두 가지 믿음
- 새로운 피조물의 실재

■ 스미스 위글스워스
- 스미스 위글스워스의 천국
- 스미스 위글스워스의 매일묵상
- 위글스워스는 이렇게 했다
- 스미스 위글스워스의 능력의 비밀

■ T. L. 오스본
- 행동하는 신자들
- 기적 – 하나님 사랑의 증거
- 새롭게 시작하는 기적 인생

- 좋은 인생
- 성경적인 치유
- 능력으로 역사하는 메시지
- 100개의 신유 진리
- 24 기도 원리 7 기도 우선순위
- 하나님의 큰 그림
- 긍정적 욕망의 힘
- 당신은 하나님의 최고의 작품입니다

■ 잔 오스틴
- 믿음의 말씀 고백기도집
- 하나님의 사랑의 흐름
- 견고한 진 무너뜨리기
- 초자연적인 흐름을 따르는 법
- 당신의 운명을 바꿀 수 있습니다
- 어떻게 하나님의 능력을 풀어놓을 수 있는가?

■ 크리스 오야킬로메
- 여기서 머물지 말라
- 이제 당신이 거듭났으니
- 당신의 인생을 재창조하라
- 이 마차에 함께 타라
- 그리스도 안에 있는 당신의 권리
- 성령님과 당신
- 성령님이 당신 안에서 행하실 일곱 가지
- 성령님이 당신을 위해 행하실 일곱 가지
- 기적을 받고 유지하는 법
- 하나님께서 당신을 방문하실 때
- 올바른 방식으로 기도하기
- 당신의 믿음을 역사하게 하는 법
- 끝없이 샘솟는 기쁨
- 기름과 겉옷
- 약속의 땅
- 하나님의 일곱 영
- 예언
- 시온의 문
- 하늘에서 온 치유
- 효과적으로 기도하는 법
- 어떤 질병도 없이
- 주제별 말씀의 실재
- 마음의 능력

■ 앤드류 워맥
- 당신은 이미 가졌습니다
- 은혜와 믿음의 균형 안에 사는 삶
- 하나님의 참 본성
- 하나님은 당신이 건강하기 원하십니다
- 영·혼·몸
- 전쟁은 끝났습니다
- 믿는 자의 권세
- 새로운 당신과 성령님
- 노력 없이 오는 변화
- 하나님의 충만함 안에 거하는 열쇠
- 더 좋은 기도 방법 한 가지
- 재정의 청지기 직분

- 하나님을 제한하지 마라
- 하나님의 뜻을 발견하고 따라가며 성취하라
- 하나님의 참 본성
- 하나님의 최선 안에 사는 법
- 더 큰 은혜 더 큰 은총

■ 기타 「믿음의 말씀」 설교자들
- 성령의 삶 능력의 삶
- 복을 취하는 법
- 주는 자에게 복이 되는 선물
- 믿음으로 사는 삶
- 붉은 줄의 기적
- 당신이 말한 대로 얻게 됩니다
- 예수-치유의 길 건강의 능력
- 성령 안의 내 능력
- 존 G. 레이크의 치유
- 믿음과 고백
- 임재 중심 교회
- 성령충만한 그리스도인의 지침서
- 열정과 끈기
- 제자 만들기
- 어떻게 교회를 배가하는가
- 운명
- 모든 사람을 위한 치유
- 회복된 통치권
- 그렇지 않습니다
- 당신의 자녀를 리더로 훈련하라
- 오순절 운동을 일으킨 하나님의 바람
- 주일 예배를 넘어서
- 신약교회를 찾아서
- 내가 올 때까지
- 매일의 불씨
- 여성의 건강한 자아상

■ 김진호 · 최순애
- 왕과 제사장
- 새로운 피조물의 실재
- 믿음의 반석
- 새 언약의 기도
- 새로운 피조물 고백기도집(한글판/한영대조판)
- 성령 인도
- 복음의 신조
- 존중하는 삶
- 성경의 세 가지 접근
- 말씀 묵상과 고백
- 그리스도의 교리
- 영혼 구원
- 새로운 피조물
- 믿음의 말씀 운동의 뿌리
- 1인 기업가 마인드
- 내 양을 치라
- 새사람을 입으라